中国传统海洋文明丛书·孙关龙　宋正海　刘长林　主编

中国传统海洋宗教与民间信仰

曲金良　著

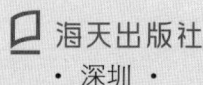

·深圳·

图书在版编目（CIP）数据

中国传统海洋宗教与民间信仰 / 曲金良著. — 深圳：海天出版社，2020.12

（中国传统海洋文明丛书 / 孙关龙，宋正海，刘长林主编）

ISBN 978-7-5507-2794-6

Ⅰ.①中… Ⅱ.①曲… Ⅲ.①海洋—信仰—民间文化—研究—中国 Ⅳ.①B933

中国版本图书馆CIP数据核字（2020）第259782号

中国传统海洋宗教与民间信仰
ZHONGGUO CHUANTONG HAIYANG ZONGJIAO YU MINJIAN XINYANG

出 品 人	聂雄前
项目负责人	韩海彬
责任编辑	陈　嫣
责任技编	梁立新
责任校对	叶　果
装帧设计	深圳斯迈德设计 0755-83144228

出版发行	海天出版社
地　　址	深圳市彩田南路海天大厦（518033）
网　　址	www.htph.com.cn
订购电话	0755-83460239（邮购、团购）
排版制作	深圳市斯迈德设计企划有限公司（0755-83144228）
印　　刷	深圳市华信图文印务有限公司
开　　本	787mm×1092mm　1/16
印　　张	13
字　　数	172千
版　　次	2020年12月第1版
印　　次	2020年12月第1次
定　　价	49.00元

海天版图书版权所有，侵权必究。
海天版图书凡有印装质量问题，请随时向承印厂调换。

序

海洋信仰，即人类将虔诚、敬畏之心托之于具体的海洋形象，并付之于崇拜和祭祀仪式的海洋文化现象，是海洋思想意识的重要表现形态。

海洋信仰的对象即某一具体的海洋形象，来源于人类对某一海洋具体事物的意识感知所获得的形象知识的选择性感情投射。人类对海洋事物的意识感知所获得的形象知识、感受和评价不同，投射的感情也不同。而海洋信仰，正是人们对那些他们认为值得虔诚敬畏、值得付之于感情、值得甚至必须给予崇拜和祭祀的某一个或某一些海洋形象的选择与传承。

从宽泛的意义上来说，大凡是被塑造成为海洋形象，具有某些神性、仙性、灵性的，都属于海洋信仰一类；但毕竟人们对它们的态度和投射的感情性质不同，大凡对于那些不认为值得虔诚敬畏、值得付之于感情、值得甚至必须给予崇拜和祭祀的海洋形象，往往表现为海洋神话传说、神仙故事，其价值主要在于审美，在于愉悦，说者感情轻松，甚至作为趣谈，那么人们一般视之为海洋审美文化，但这同样是海洋信仰文化的一种传播传承形式——文学的、艺术的形式。这是任何一种宗教、信仰都离不开的传播传承形式。

中国的海洋信仰，其起源年代今已无法考究，至少在原始社会新石器时期就已经相当普遍。及至夏商周时期，已经出现了"四海海神"的信仰。"四海海神"指的是东、南、西、北四海海神，不是只有一个统管的

海神。海洋信仰的对象是海洋"神灵",而海洋"神灵"不是抽象的,而是具体的、形象的,这就是为什么自古没有笼统抽象的海神,只有区域的具体的海神的缘故。除了四海海神之外,还出现了对海盐神、潮汐神、军事海神等专门海神的信仰。这时期的海洋信仰,其功能主要体现为东部沿海的东夷各族人在长期海洋实践基础上渴望开发、利用和征服大海并使之为人类服务的愿望,同时还在一定程度上体现为人们对那些在认识海洋、开发海洋过程中做出了重大贡献的开拓者的崇敬和纪念。海洋民俗信仰,是指涉海民众在从事海洋生产、生活时创造和传承的有关海神信仰与海神祭祀、祭海活动以及以此信仰为基础形成的生产、生活习俗的总称。而本书所指的传统海洋宗教信仰,则不仅包含有海洋民俗信仰的内容,也涉及由此而来的、将之正式化了的国家海洋信仰内容。

中国的海洋信仰的层级体系,是由国家海洋信仰、地方海洋信仰构成的,历史上叫做正祀和淫祀。国家海洋信仰的对象,即正祀。"正祀"包括祀典与获得封赐的祠神,《礼记·祀法》认为:"法施于民则祀之,以死勤事则祀之,以劳定国则祀之,能御大菑则祀之,能捍大患则祀之。"也就是说,有功德于民众,才可被尊奉为神,列入国家祀典,得到朝廷封赐。正祀主要有两个系统:一是自然神系统,主要是自古传袭下来的四海海神,一直由国家祭祀,佛教传入以后演化为四海龙王,自唐代被分别封王,其他自然神则在国家海洋信仰系统中时高时低,在国家祀典中时进时出,或因时因事而定;二是人神系统,如涛神伍子胥,到了宋代,开始敕封福建湄洲妈祖,自此宋元明清历代敕封、祭祀,列为国家祀典,是宋元明清各代影响最大的海神,至今妈祖信仰和庙祀崇拜传承沿袭,且已是海内外华人共同的普遍信仰。而"淫祀"就是指不合礼法的祭祀,把不当供奉的对象当作神来立庙祭拜。《礼记·曲礼》谓:"非其所祭而祭之,名曰淫祀。"是对在社会中下层广泛流行的部分祭祀活动的总称,属于民间信仰的范畴。对于"淫祀"的认定,一般从民众生命安全、地方治安、经济利益、伦理道德、神灵出身等方面出发。"淫祀"所供奉的对象，是统治阶层所认定的祀典内容之外的不合法祭祀，也无法得到朝廷封赐。中国海洋信仰中，民间地方淫祀极多，极为普遍，几乎渔村、码头、船上、海岸、山头、家中、寺庙，处处都有各门各类海洋神灵被塑像立碑、建寺立庙，庙宇所在，人头攒动，香火缭绕。具体到海洋宗教信仰上，四海海神、四海龙王及妈祖祭祀可视为"正祀"，而民间社会中一些与海洋现象和捕捞生活、生活环境相关的信仰神灵，则可被视为"淫祀"。但"正祀"与"淫祀"也并非判然两分，某些"淫祀"也存在着转为"正祀"的可能性。如从本书中第四章的有关论述即可看出妈祖祭祀即体现出这种从民间信仰到国家祭祀的转变。妈祖祭祀成为"正祀"，受到自宋以降历代皇帝的敕封，国家与海洋有关的重大事件、海外属国属地的政治联系、海上贸易航运、海防军事行动等等，都归于妈祖之"神佑"。其影响力也由于成为国家祭祀，而不再囿于最初的福建沿海，而是扩展至全国沿海各省和全世界尤其是东亚、东南亚各地，垂千余年而不绝。而本书第五章则集中论述了海洋"淫祀"，体现了其在海洋信仰中更侧重民间的内容，偏重于个体的趋利避害、追求人生和谐平安吉祥、抚平心灵创伤，并多限于本地，难以拓展他处，且随着时代的变迁而流变无常。

中国海洋信仰的内涵体系则有大小之分。大者如四海海神，一神掌管一个偌大海域，似乎无所不管；小的则专职一门，只管某项。比如涛神，只管海涛，别的与他无关；比如盐神，只管盐业盐商盐民之事，别的不管。当然，大的海神不见得一定重要，小的海神因专司其职，其重要性可能远远超过全能之神。这就是为什么历史上往往一个专司小庙香火鼎盛，而一个东海大神则除了朝廷一年一祭，平时香客较少，至于西海及北海海神，则更少人问津的缘故。

在中国海洋文化悠久的历史中，随着国家行为对海洋的开发利用规模、程度的日益强化，海洋信仰不但是民间信仰，而且自古被确定为国家信仰，并实行国家祭祀制度。这是中国海洋文化的一个重要方面，也是中国海洋文化自古是中国国家制度文化而不单纯是民间文化的重要体现。

中国的海洋信仰是世界海洋文化中的奇葩。它的主要特点至少有六个：一是其神圣性，二是其丰富性，三是其制度性，四是其民俗性，五是其亲和性，六是其多功能性。

我国自近代接受西方的所谓"科学"以来，对一切本属于民间社会千百年来基于心理、经验和善恶伦理观念共同作用的民俗信仰的东西，只要不能用"科学"的手段予以"科学说明"的，就往往一概斥之为"封建迷信"。这是对"科学"的误解，其对传统文化的破坏，严重程度无异于釜底抽薪。其一，"科学"的手段并不能解释一切自然现象和社会现象，对"科学"充满迷信，则是制造了新的迷信，不但幼稚可笑，而且愚蠢有害。其二，许多"迷信"并不是到了"封建社会"才产生的，在"封建社会"之前的初民社会就有，只是传承到了"封建社会"，也传承到了"资本主义社会""社会主义社会"，并在不断的传承中不断地增添或者更新内容。其三，"科学"既不是用来解决"迷信"问题的，两者也不是对立的，而是两种思维模式，两种认识世界的方式，两者不但不互相排斥，而且有机互补，甚至互不可缺。"科学"更多地表现为一种方法，"迷信"更多地表现为一种信仰；"科学"指向的主要是自然界的物质的问题，信仰指向的主要是人类社会的心灵的问题，渗透在社会观念、伦理思想和民俗生活之中。这就是为什么在"科学"的"发源地"西方社会那里，尽管其从"封建社会"进入"资本主义社会"已经几百年了，其大部分民众，乃至一些科学家，也一方面"实事求是"地研究着"壶盖为什么跳动"，一方面依然信奉着他们心目中的那个"上帝"或"真主"，依然是"上帝"或"真主"的"忠实""虔诚"的信徒的缘故。

中国的海洋信仰体系主要属于传统海洋文化的内涵范畴，在当代的传承主要是靠其历史的积淀，其作为信仰的功能已经走向衰微，目前所受到重视的是它作为文化遗产的价值和作为旅游景观的功能。

中国海洋社会的民俗信仰既是面向海洋生活的实用的教科书，又是引导人心向善、趋利避害、追求社会和谐安定和人生平安吉祥、抚平心灵创伤的传世良方。

传统海洋宗教与信仰是我国历史悠久、丰富灿烂、独具特色的海洋文化的重要内涵，在我国海洋文明发展历史上发挥着十分重要、不可替代的多方面作用，也是今天我们建设"海洋强国"、建设"21世纪海上丝绸之路"国家战略不可忽视的精神遗产。

目录

第一章　四海海神：从神话传说到国家祭祀

第一节　四海海神传说……………………………………………… 2
第二节　四海龙王崇拜……………………………………………… 9
第三节　四海海神的国家祭祀……………………………………… 14

第二章　蓬莱仙境：从帝王到民间的共同追求

第一节　"蓬莱神山仙境"信仰的起源…………………………… 27
第二节　秦皇汉武求仙与"蓬莱神山仙境"信仰的盛行………… 31
第三节　"蓬莱神山仙境"信仰的泛化…………………………… 38
第四节　"八仙过海"：家喻户晓的海洋神仙传说故事………… 47
第五节　"蓬莱"信仰的依托：蓬莱城、蓬莱阁与"登州海市"…… 51
第六节　"海上仙山"在人间：庙岛群岛…………………………… 60
第七节　"海上诸山之祖"：昆嵛山………………………………… 63
第八节　"海上名山第一"：崂山…………………………………… 67

第三章　徐福东渡：中日韩两千年来的共同信仰

第一节　秦始皇巡海与徐福东渡 74
第二节　徐福其人及其传说的神化 78
第三节　中日韩徐福信仰遗迹 80

第四章　海神妈祖：地方·国家·天下崇拜

第一节　妈祖信仰的兴起 89
第二节　宋元明清历代皇帝的敕封 91
第三节　天下祠祀：妈祖信仰在东亚地区的传播 101
第四节　妈祖信仰文化传播的动因与功能 128

第五章　海洋"淫祀"：民间社会的心灵慰藉

第一节　海洋"淫祀"神灵 135
第二节　民间社会的"祭海"庙会 150
第三节　民间社会的海事禁忌 162

第六章　岛民社会的海洋信仰：东海嵊泗列岛的考察案例

第一节　嵊泗岛民信仰崇拜的历史背景 166
第二节　嵊泗列岛的寺庙 168

第三节　天后宫·天后娘娘崇拜……………………………………172

第四节　观音寺庙·观音崇拜………………………………………179

第五节　龙王宫·龙王信仰…………………………………………181

第六节　关帝庙·关帝崇拜…………………………………………184

第七节　羊山大帝庙·羊山大帝崇拜………………………………186

第八节　嵊泗列岛岛民信仰的特征…………………………………188

第一章　四海海神：从神话传说到国家祭祀

第一节　四海海神传说

神话就是有关神灵的传说故事。神话的实质是古代人类对世界起源、自然现象以及社会生活的原始理解，借助想象和幻想，对与他们生存有关的事物和现象作出的"神化"了的解说。

靠海用海、屡涉风涛之险，使沿海先民产生了原始宗教意义上的海神信仰及其传说。

先民们最早的海洋神灵传说，在无文字记载时期的，我们已难以知晓；作为文字记载的"文本"，至今存在的一些原始岩画和文物符号，已难以甄别判定，比较集中的，最早的要数大约成书于先秦的《山海经》。《山海经》保存下众多的"天方夜谭"，里面有许多有关海洋的神话传说，其中最多的是一些可称之为"海上奇闻录"或"海外奇闻录"的记载。

其一是四海海神的传说：

> 东海之渚中，有神，人面鸟身，珥两黄蛇，践两黄蛇，名曰禺䝞。黄帝生禺䝞，禺䝞生禺京。禺京处北海，禺䝞处东海，是惟海神。①

---

① 《山海经·大荒东经》。郭璞注："禺京，即禺强也。"又《山海经·海外北经》："北方禺强，人面鸟身，珥两青蛇，践两青蛇。"

西海渚中，有神，人面鸟身，珥两青蛇，践两赤蛇，名曰弇兹。①
南海渚中，有神，人面，珥两青蛇，践两赤蛇，名不廷胡余。②

在上古人的观念里，四海之中都有各自的海神统领，它们多人面蛇身，样子似乎并无多少威风神力，然以怪异成神。蛇，即后来的龙的本身。

其二是海的神话及海中奇异之事的传说。比如说大海是日出之处，为"汤谷"："汤谷上有扶桑，十日所浴，在黑齿北，居水中。有大木，九日居下枝，一日居上枝。"③再比如说海外有"大人之国""大人之市"："东海之外……有波谷山者，有大人之国。有大人之市，名曰大人之堂。"④"大人之市在海中"⑤，"大人国在其北，为人大，坐而削船"⑥等等。

其三是海外远国异民的传说。《山海经》记载了海内外一百多个国家和居民，其中大多是对海外远国异民的玄想。如"羽民国在其东南，其为人长头，身生羽"⑦之类。这些远国异民多以形体怪异为特征，如结胸、交胫、歧舌、一目、三首、长臂、白民、毛民等等，有些可能是对见过或听说过、越传越神奇怪异的远国异民的描述，有些可能是缘于那些远国异民的图腾面具或文身化妆等，还有的可能是纯粹的凭空想象。

其四是一些人类与海洋相互作用的传说。最著名的是"精卫填海"的故事：精卫"是炎帝之少女，名曰女娃。女娃游于东海，溺而不返，故为

---

① 《山海经·大荒西经》。
② 《山海经·大荒南经》。
③ 《山海经·海外东经》。
④ 《山海经·大荒东经》。
⑤ 《山海经·海内北经》。
⑥ 《山海经·海外东经》。
⑦ 《山海经·海外南经》。

精卫，常衔西山之木石，以堙于东海"①。还有"羲和生日""后羿射日"："东南海之外，甘水之间，有羲和之国，有女子名曰羲和，方日浴于甘渊。羲和者，帝俊之妻，生十日。"②"羿射九日，落为沃焦。"③还有羿与凿齿之战的记载："大荒之中，有山名曰融天，海水南入焉。有人曰凿齿，羿杀之。"④据人类学研究，凿齿之民，即具有拔牙凿齿成年礼俗的南方古代少数民族及东南亚一些民族。至如世界各国各民族大多有过的与海洋相关的洪水神话（较为完备的结构是洪水兄妹婚神话，或曰洪水与人类再生神话），在《山海经》中以鲧禹治水的内容得到了反映。"黄帝生骆明，骆明生白马，白马是为鲧。""洪水滔天，鲧窃帝之息壤以堙洪水，不待帝命。帝令祝融杀鲧于羽郊。鲧复（腹）生禹。帝乃命禹卒布土以定九州。"⑤正是由于大禹治水与海洋的关系，至近代不少沿海地区仍将大禹奉祀为海神。

《山海经》中所有的涉海神话与传说记载，内容十分丰富，是后世海洋神话传说的博大渊薮。

除了《山海经》之外，《庄子》《左传》《黄帝说》《禹贡》等史书、子书，也有很多涉海的神话传说或史实记载。尤其是《庄子》，反映出浓厚的海洋文化意识，如《山木篇》记市南子对鲁侯说"南越有邑焉，名为建德之邦，其民愚而朴，少私而寡欲"，那里的大海"望之而不见其崖，愈往愈不知其所穷"，劝他"涉于江而浮于海"一游；《逍遥游》称海外有

---

① 《山海经·北山经》。
② 《山海经·大荒南经》。
③ 《庄子·秋水》成玄英疏引《山海经》（今本无）。
④ 《山海经·大荒南经》。
⑤ 《山海经·海内经》。

神人；另如庄子寓言"望洋兴叹"①"坎井之蛙"②等等，体现了他哲学家的思想光辉和文学家的智慧光彩。尤其是他的《逍遥游》中所展现的"鲲鹏展翅九万里"的形象，在思想内容上，成为后世胸怀博大、壮志凌云常用的借喻，在艺术创造上，成为后世浪漫主义常用的启示：

> 北冥有鱼，其名为鲲。鲲之大，不知其几千里也；化而为鸟，其名为鹏。鹏之背，不知其几千里也。怒而飞，其翼若垂天之云。是鸟也，海运则将徙于南冥。南冥者，天池也。……鹏之徙于南冥也，水击三千里，抟扶摇而上者九万里，去以六月息者也。

东海之滨海鸟成群，海神多为鸟身，反映了东夷人崇奉鸟的习俗。从《山海经》的记述来看，东夷人的海上生活往往与鸟相伴。《大荒南经》云："海中有张宏之国，食鱼，使四鸟"；"有人焉，鸟喙，有翼，方捕鱼于海"；"人面鸟喙，有翼，食海中鱼，杖翼而行"。诸如此类的记载很多。

少昊是东夷部族的部落首领和英雄，其名字与鸟也有关系。少昊名挚，挚与鸷通，指的是一种类似鹰的大鸟，是鸟中之王。少昊氏起源的山岛称羽山，盛产大而美丽的羽毛（《禹贡》曾氏注）。《诗经·商颂·玄鸟》记述属于东夷部族的商人曰："天命玄鸟，降而生商。"鸟图腾可见一

---

① 《庄子》："秋水时至，百川灌河……于是焉河伯欣然自喜，以天下之美为尽在己，顺流而东行，至于北海，东面而视，不见水端，于是焉河伯始旋其面目，望洋向若而叹曰：'野语有之曰"闻道百，以为莫己若者"，我之谓也。且夫我尝闻少仲尼之闻，而轻伯夷之义者，始吾弗信，今我睹子之难穷也，吾非至于子之门，则殆矣，吾长见笑于大方之家。'"

② 《庄子》："坎井之蛙谓东海之鳖曰：'吾乐与！出跳梁乎井干之上……夫子奚不时来入观乎？'东海之鳖左足未入，而右膝已絷矣。于是逡巡而却，告之海曰：'夫千里之远，不足以举其大；千仞之高，不足以极其深。禹之时，十年九潦，而水弗为加益；汤之时，八年七旱，而崖不为加损。夫不为顷久推移，不以多少进退者，此亦东海之大乐也。'于是坎井之蛙闻之，适适然惊，规规然自失也。"

斑。郭沫若认为玄鸟就是凤凰①。此为中国凤崇拜的起源。考古发掘也证实东夷人尚鸟。例如山东长山列岛上发现有鸟形的陶鬶和鸟形的陶塑。连云港将军崖岩画上,发现有头插羽毛的鸷的面盘画像,还有鸟头形的鼎足。

除了鸟图腾崇拜以外,与滨海生活关系密切的太阳受到格外的崇拜。少昊和太昊都被看成太阳神。"昊"字,就是一个头顶太阳的人。少昊部落的墓葬头向都朝着太阳升起的东方。

数千年来,中国各地涉海社会群体所信仰崇拜的海洋神灵数量众多,角色纷杂。最早的海洋信仰与图腾崇拜有着密不可分的关系,其形象由最早的图腾崇拜的海兽形,进而演化为人兽结合的半人半兽形,再后来成为人形(人鬼化神),逐渐演变而来。

海神及其名称,最早见于先秦古籍《山海经》的记载。兹再引录如下:

《大荒东经》云:"东海之渚中,有神,人面鸟身,珥两黄蛇,践两黄蛇,名曰禺䝞。黄帝生禺䝞,禺䝞生禺京。禺京处北海,禺䝞处东海,是惟海神。"

《大荒南经》云:"南海渚中,有神,人面,珥两青蛇,践两赤蛇,曰不廷胡余。"

《大荒西经》云:"西海渚中,有神,人面鸟身,珥两青蛇,践两赤蛇,名曰弇兹。"

《海外北经》又曰:"北方禺强(即禺京),人面鸟身,珥两青蛇,践两赤蛇。"

《大荒北经》亦曰:"北海之渚中,有神,人面鸟身,珥两青蛇,践两青蛇,名曰禺强。"

这就是说,东、西、南、北海之神,其名称为东海海神禺䝞、南海海

---

① 郭沫若:《青铜时代》,群益出版社,1946年,第11页。

神不廷胡余、西海海神弇兹、北海海神禺强（即禺京）。其中东海海神禺䝙与北海海神禺强是父子。

按东、西、南、北四海海神，在汉代之前的汉语语境中，"南海海神"的"南海"，不是今天的南海的概念。那时的"南海"，是今天的东海海域，有时候指的是黄海南部海域。在四海海神中，在汉代之前，东海海神是最重要的；汉代之后，南海海神也成为重要的海神。在四海海神中，东海海神、南海海神之所以是最为重要的，是因为尽管有四海，但东海广大，在古人的观念里包括今黄海和东海，而且黄海和东海在古代中国自先秦以来就一直是历代中原王朝距离京畿地区最近的海洋区域。而南海自进入中原王朝版图之后，尽管距离中原京畿地区遥远，海域茫茫一片，浩浩渺渺，但自汉代开通海上丝绸之路，南海就一直是中国对外开放的南大门，所以南海海神地位也十分重要，历代有皇帝望祭或遣官祭祀。至于西海，自古沿袭下来，或曰史前有茫茫较大海域，但进入文明时期之后，"西海"便无确指，其重要性自然不如其他三海。具体到北海而言，先秦人指的多是渤海，远古或上古时期也许海域很大，但进入文明时期之后，其海域则尽可了如指掌，所以其威严、神秘性大不若东海、南海。

由《山海经》可知，四海海神的神形特征也很相似，东海海神禺䝙、西海海神弇兹、北海海神禺强都是人面鸟身，珥两蛇，践两蛇；只有南海海神不廷胡余是人面，而非鸟身，但珥两蛇、践两蛇的特征也是一样的。

至于早期海神的神形特征为什么大都是鸟身，并珥两蛇、践两蛇，这是古东夷文化的反映。古代生活在中国东部沿海一带的东夷集团，他们的原始信仰是鸟图腾和龙凤图腾。四海海神的神形，实际上是人形与动物图腾的组合体。

图腾崇拜是从人类原始时代产生的由大自然信仰发展起来的具有氏族标志性的信仰内容与形式。原始信仰认为，某一氏族的人都源于某一特定的物种，一般说来，与某种动物具有密不可分的亲缘关系。我们从现在仍

然流传的渤海渔民的信仰中,尤其是从渤海渔民口头传承的海洋动物崇拜中,仍然可以看到远古时代海神信仰的一些影子。比如,环渤海沿岸渔民至今还崇拜鲸和海龟。胶东渔民习惯称鲸为"老人家",每当见到鲸在海中经过,便尊称为"过龙兵",赶忙焚香烧纸祭拜。辽东半岛滨海民众自古以来崇拜海龟,将它视为保护自己的海神,尊称其为"元神"。农历五月十三日为祭祀元神的日子。

第二节　四海龙王崇拜

龙王信仰是随着历史的发展，由中国早期的原始图腾性、神话人物性海神信仰逐渐演变而来的。"四海龙王"信仰较之先秦时期的"四海海神"信仰，神形已经由人蛇形转化为人龙形。

人神同形的海洋神灵具有人的外形，人的意志、欲望和性格，拥有超人的能力和达到自己目标的非凡手段。时代发展距今越近，人们对人神同形海洋神灵的崇拜，越会超过对兽形图腾海洋神灵和人兽同体海洋神灵的崇拜的程度。汉代佛教传入中国之后，龙王逐渐与中国传统海神信仰融合，开始成为新的海神。海龙王的形象在民间海神信仰中多为带有龙形特点的人神，而古老的海洋水族动物类海神如大鱼、龟等，便成了海龙王麾下的从属。如山东沿海渔民称鲸鱼为"龙兵"，就是这种信仰演变的证明。

中国人最为普遍信仰的海龙王形象，在中国神话传说中多描写为龙头人身，但又能够变成人形，其形象似乎在人兽同体和人神同形两者之间。在海龙王信仰中，龙王的家族和人世间相类似，龙王有自己的宫殿住所——龙宫，龙王有太子、龙女、虾兵蟹将等，它们有喜怒哀乐，有七情六欲，因而在中国信仰历史上演绎出了许许多多的人龙交往、人龙恋爱的故事。

中国上古没有龙王的说法，所以考察四海龙王在中国本土的源头须得从中国古代的海神信仰、四海祭祀礼仪和龙神传说中寻求线索。佛教传入，中土始有龙王之说。虽然佛经中没有清晰明确的四海龙王的概念，但它的龙王观念对中国四海龙王观念的形成起到了决定性的作用。"四海龙王"作为一个专有名词，第一次出现于《太上洞渊神咒经》卷一三，据考证这篇经文各卷成书年代不一，多数认为卷一三的完成最迟不晚于东晋末刘宋初。其后千百年间，"四海龙王"作为一种民俗信仰不断发展。其中标志性的事件有三个：第一是唐代在四海祭祀中首次封四海为王爵；第二是宋代封龙神为龙王；第三是元代开始把龙王观念与地理概念结合起来。元明清的神仙戏剧和神魔小说完善并传播了中国古代的神仙体系。四海龙王作为这个神仙世界中的重要组成，其再现与流播可谓水到渠成。其中"八仙"故事以及《西游记》《封神演义》等经典作品的创作和传播，使四海龙王观念更加成熟并得到了广泛的认同。四海龙王作为一种神话信仰，本源于对人间世界的反映，随人间世界的发展而不断增添新的内容，也是三教互融作用下的结果；同时，历史久远的阴阳五行观念，在四海龙王观念形成过程中也是一个不能忽视的重要因素。而四海龙王在文学作品中的表现则体现了鲜明的符号学意义和民间故事色彩，《三宝太监西洋记通俗演义》可谓典型反映。①

本来，"龙"这一概念和形象在中国的史前文化中就已经出现，原本为古人幻想出来的神奇动物，为"四灵"（麟、凤、龟、龙）之一。龙是什么样子？中国人谁都心中有它，但谁也很难说得清楚。经过不断的演化，其形态逐渐趋于定型为一种海陆动物混合型的"四不像"。②中国人所画的龙，头上有角，身上有鳞，眼睛突出，嘴巴很大，有胡须，有四

---

① 孙逊：《四海龙王考论》，上海师范大学硕士论文，2008年。
② 闻一多：《伏羲考》，《闻一多全集·神话与诗》，开明书店，1948年。还可参见陈绶祥：《中国的龙》，漓江出版社，1988年；何新：《龙：神话与真相》，上海人民出版社，1989年等。

足,身很长,尾很短。画龙的人,只画龙头不画龙尾,所谓"神龙见首不见尾",表示其神秘。龙有神通,它高飞在天,高高在上,变化莫测,能大能小,能隐能现,神力无边,但"神龙见首不见尾",不够形象具体,不够人性可感。因而除了历代帝王以"真龙天子"自居,穿龙袍、坐龙椅之外,民间信仰中所塑造的龙的形象,就依据其传说中的神性和神形,主要作为居于水中的神灵,附着在对江河湖海尤其是海洋的信仰上了。这一神性、神形的转换和功能的变化,一是与东夷等沿海族群不断征服海洋的社会生活直接相关。例如在秦始皇时代,通过秦始皇巡海与方士徐福出海被蛟鱼所阻的传言,人们心目中的海神,其神形很容易演变成为大蛟鱼或大蛟龙。二是自佛教开始传入中国,佛教在民间的普及速度很快,佛教中的龙王形象迅速成了中国民间社会信仰尤其是海洋民间社会信仰的海神。

在佛教中,"龙"是梵语 Naga 的意译,音译"那伽"。《善见论》卷十七说:"龙者,长身无足。"慈云《天竺别集》卷上说:"天龙,一鳞虫耳,得一滴水,散六虚以为洪流。"《华严经》也记载:"有无量诸大龙王,所谓毗楼博叉龙王,婆竭罗龙王,云音妙幢龙王……其数无量,莫不勤力兴云布雨,令诸众生热恼消灭。"说的都是龙身长而无足,且能变化云雨。龙居住在龙宫,位于大海之中。西晋竺法护译佛经《海龙王经·请佛品》载:"海龙王诣灵鹫山,闻佛说法,信心欢喜,欲请佛至大海龙宫供养,佛许之。龙王即入大海,化作大殿,无量珠宝,种种庄严,且自海边通海底造三道宝阶,如佛往昔化宝阶自忉利天降阎浮提时。佛与诸比丘菩萨共涉宝阶入龙宫,受诸龙供养,为说大法。"隋那连提黎耶舍译《莲华经》载:"阎浮提及余十方所有佛钵及佛舍利,皆在婆伽罗龙王宫中。"

佛教的许多经典中有大量的龙王形象和事迹。再如在《大乘佛》中有藏龙,《法华经》中有龙女。佛经中所描述的这种无量诸大龙王法力无边,能兴云布雨,功能上比中国早期原有的龙蛇形海神似乎更具有神力;其后兴起的中国的道教,也随之创造了东方青帝、南方赤帝、西方白帝、北方黑帝和中央黄帝等"五方龙王"和东、西、南、北"四海龙王"及其他名称繁多的各种龙王。由此可知，佛教的传入和推广，其有关龙王的信仰的迅速传播，加上道教所创造的龙王的功能、职司更符合中国民众的心理需求，因而龙王信仰在民间社会中广泛流行开来，自然名正言顺地取代了原始海神信仰的功能与形象，开始享用渔民舟子的香火了。

到了魏晋六朝时期，"四海之神"人神化的概念出现，更多地有了神话人物的色彩。《太公金匮》记云："四海之神，南海之神曰祝融，东海之神曰勾芒，西海之神曰蓐收，北海之神曰玄冥。"①

唐代之后，民间产生了大量关于四海龙王的传说。唐段成式《酉阳杂俎·前集》卷一四就记载了这样一段神妙的海外传奇："大足（701）初，有士人随新罗使，风吹至一处，人皆长须，语与唐言通，号长须国。……乃拜士人为司风长，兼驸马。……忽一日，其君臣忧戚，士人怪问之。王泣曰：'吾国有难，祸在旦夕，非驸马不能救。烦驸马一谒海龙王，但言东海第三汊第七岛长须国，有难求救。我国绝微，须再三言之。'因涕泣执手而别。士人登舟，瞬息至岸。岸沙悉七宝，人皆衣冠长大。士人乃前，求谒龙王。龙宫状如佛寺所图天宫，光明迭激，目不能视。龙王降阶迎士人，齐级升殿，访其来意。士人具说，龙王即令速勘。良久，一人自外白曰：'境内并无此国。'其人复哀祈，言长须国在东海第三汊第七岛。龙王复叱使者细寻勘，速报。经食顷，使者返，曰：'此岛虾合供大王此月食料，前日已追到。'龙王笑曰：'客固为虾所魅耳。吾虽为王，所食皆禀天符，不得妄食，今为客减食。'乃令引客视之，见铁镬数十如屋，满中是虾，有五六头，色赤，大如臂，见客跳跃，似求救状。引者曰：'此虾王也。'士人不觉悲泣，龙王命放虾王一镬，令二使送客归中国，一夕至登舟。回顾二使，乃巨龙也。"唐杜光庭《录异记》卷五："柳子华，唐朝为成都令，龙女来与为匹偶。子华罢秩，不知所之，俗云入龙宫得水仙

---

① 虞世南辑：《北堂书钞》卷一四四引，文渊阁四库全书本。

矣。""海龙王宅,在苏州东。入海五六日程,小岛之前,阔百余里。每望此水上,红光如日,上与天连,船人相传龙王宫在其下矣。"就连海龙王宫殿在海中的具体方位也有了。当然,这只能是基于当地人的说法。受着海洋地理知识的局限,不同地方的人的说法自然不同。

历代帝王对龙王的推崇和祭祀始于唐代,朝廷正式册封龙王。宋徽宗大观二年(1108)又册封天下五龙神:"青龙神封广仁王,赤龙神封嘉泽王,黄龙神封孚应王,白龙神封义济王,黑龙神封灵泽王。"[①]朝廷的册封使民间龙王的地位大大提高,龙王信仰更为升温,龙王庙宇在民间迅速发展。"四海龙王"也有了各自具体的"姓名":"东海龙王敖广""南海龙王敖钦""北海龙王敖顺""西海龙王敖闰"。

从此以后,在中国民间信仰中,四海龙王便全部接管东西南北四海,成为海中之王、水族统帅和海洋世界的统治者了。四海龙王中,"职位"最高、最为人们信仰的"龙头老大"是东海龙王。他(它)居于东海龙宫。沿海民间所普遍崇拜、祭祀的主要是东海龙王,一般敬称之为"龙王爷"。

---

① 徐松辑:《宋会要辑稿·礼四之一九》。

第三节　四海海神的国家祭祀

我国历代朝廷,在每年春秋举行的国家祭典中都有对四海海神的祭祀。对四海海神的祭祀是与其他山川大泽的祭祀并列的,即所谓的岳、镇、渎、海,是皇统的象征。

据记载,我国早在夏商周三代就有了祭海的仪式,秦始皇时东巡到今山东沿海,就有祭海的记录。汉宣帝神爵元年(前61)诏:"夫江海,百川之大者也。今阙焉无祠,其令祠官以礼为岁事,以四时祠江海雒水,祈为天下丰年焉。"①从此祭海的典礼就正式成为国家祭祀的一部分。

要举行四海海神的国家祭祀,就要有祭祀它们的庙宇,这些海神的庙宇,即海神庙,历史上有所不同。

隋开皇十四年(594),隋文帝下诏:"东海于会稽县界,南海于南海镇南,并近海立祠。"②即于今浙江会稽建立东海神庙,在广州南海建南海神庙,这是东海神庙和南海神庙建庙之始。

唐朝制度,"五岳、四镇、四海、四渎,年别一祭,各以五郊迎气日祭之"③。祭祀四海海神的地方分别是东海于莱州,南海于广州,西海于同州(今陕西大荔县),北海于洛州(今洛阳)。"其牲皆用太牢,笾、豆

---

① 《汉书》卷二十五《郊祀志》。
② 《隋书》卷七《礼仪二》。
③ 《《旧唐书》卷二十四《礼仪四》。

各四。祀官以当界都督刺史充。"①

从唐朝开始,在国家祭祀和民间崇拜中,四海海神与四海龙王神一体化了。唐玄宗天宝十载(751),封南海神为广利王,东海神为广德王,西海神为广润王,北海神为广泽王。并派出大臣赴各地主持典礼:"太子中允李随祭东海广德王,义王府长史张九章祭南海广利王,太子中允柳奕祭西海广润王,太子洗马李齐荣祭北海广泽王。"②五代时,南汉刘䶮封南海海神为昭明帝,反映出海洋贸易通商在南汉政权的维系上占有重要地位,因而让南海海神与南汉国主平起平坐。

宋仁宗康定二年(1041),晋封东海神为渊圣广德王、南海神为洪圣广利王、西海神为通圣广润王、北海神为冲圣广泽王。规定每年的四个立日为祭祀四海海神的祭日,即立春日祀东海于莱州;立夏日祀南海于广州;立秋日祀西海、河渎并于河中府,西海就河渎庙望祭;立冬日祀北海、济渎并于孟州,北海就济渎庙望祭。北宋时,西海神庙在河中府,北海神庙在孟州,这两个海神因为只能遥祭,所以依附在河神庙里一起祭祀。到宋室南迁,连东海莱州的神庙都在金国的辖区内,无法祭祀,所以明州定海县(今宁波)新建东海海神庙。因为李宝在陈家岛海战中大获全胜,加封东海海神的封号到八个字,为"东海渊圣助顺广德王"。此前,朝廷也因为击溃了在广州造反的侬智高,加封南海海神的封号为"南海洪圣广利招顺王"。

位于北方的金国,掌握着大半个中国的疆域,作为连南宋朝廷都要俯首称臣的金朝廷,也有遵循古礼祭祀四海海神的制度。金大定四年(1164),礼官上书,请在节气日祭祀岳、镇、海、渎。金世宗遂下诏,依典礼以四立日就本庙致祭,其在他界者遥祭。由于南海在宋辖区,所以金国的东海海神和南海海神都在莱州,北海和西海则属于望祭,西海在河中府,北海在孟州。四海海神的封号沿袭唐宋的封号不变。

---

① 《旧唐书》卷二十四《礼仪四》。

② 同上。

元朝初年，重新给四海海神加封，封东海海神为广德灵会王、南海海神为广利灵孚王、西海海神为广润灵通王、北海海神为广泽灵佑王。并制定了"定岁祀岳、镇、海、渎之制"①，与宋朝的祭祀制度一样：每年的立春日，祀东海于莱州界；立夏日，遥祭南海、大江于莱州界；立秋日，遥祭西海、大河于河中府界；立冬日，遥祭北海于登州界，祀官以所在守土官为之。元统一后，原来遥祭南海海神的活动变成实际的祭祀活动，就是所谓的"既有江南，乃罢遥祭"②。元朝至元十七年（1280）"敕建西海神庙于河中，春秋致祭，一视河渎礼"③。元朝时的北海海神庙改在登州了。

明太祖朱元璋于洪武三年（1370），"诏定岳、镇、海、渎神号"。但他认为："为治之道，必本于礼。岳镇海渎之封，起自唐、宋。夫英灵之气，萃而为神，必受命于上帝，岂国家封号所可加？渎礼不经，莫此为甚。今依古定制，并去前代所封名号。"所以，将原来历代加封在四海海神头上的封号一并去掉，简化为"四海称东海之神，南海之神，西海之神，北海之神"。到洪武十年（1377），"命官十八人分祀岳、镇、海、渎，赐之制"，成为明代祭祀四海海神的制度。④明代的东海海神庙建在山东的登州，南海海神庙仍在广州，西海的海神庙迁建于蒲州（今山西永济市），北海的海神庙则建于怀庆（今河南焦作市）。

在历代王朝的海神祀典中，东海海神地位最为尊崇，多以山东半岛为祠祀中心，而国家遣官致祭的地点是莱州东海神庙。

除了按照国家祀典四时祠祀，国家或地方每当面临水旱、疾疫、战争之时，也常常会祈祷于东海之神。仅据《明史》所载数例，即可见其频繁：成化六年（1470），因山东大旱，遣使"祷于东岳、东镇、东海"；

---

① 《新元史》卷八十七《礼七》。
② 同上。
③ 同上。
④ 《明史》卷四十九《礼三》。

八年（1472），因京师阴霾、运河水涸，遣使"祷于郊社、山川及淮、渎、东海之神"。此外，明朝嘉靖年间倭患甚重，赵文华上言"倭寇猖獗，请祷祀东海以镇之"①，朝廷同意。这些都显示了东海神地位的尊崇。

朝廷之所以在海神祀典中首崇东海神，应当具有以下几方面的原因。其一，按照四海神方位分布，东海神位居东方，为五行之首，地位最为尊崇。人们对于日出之地的东方也怀有一种天然的敬意。其二，较之于没有具体对应管辖范围的西海神、北海神来讲，东海神、南海神均有自己明确的辖区，所以更容易受到"辖区内"人们的尊崇。其三，东海神祠所在的山东沿海，是中国神仙传说的发祥地之一，海上仙山、蓬莱海市的传说由来已久，且影响深远，无疑会对东海神祭祀起到一定的作用。

今山东莱州东海神庙遗址，位于莱州市区西北18里海庙姜家村西北。原庙正式官修的时间是北宋开宝六年（973），祠宇粗具规模，前竖立石坊曰"朝宗"，历代修葺，封号不一。自明洪武三年（1370），改定岳渎神号，尽去封爵，改称"东海之神"，特许国家大事辄遣官致告。明正德七年（1512），祠宇不幸毁于战火，嘉靖、万历两朝重新扩建。清朝皇帝也都高度重视东海神庙的祭祀活动，康熙、乾隆都对神庙赐过御书题匾，划拨过维修专款。道光二十年（1840）七月，泊于庙岛群岛的英军舰队企图入侵莱州，几番尝试登陆，但一次次都被海浪击退，且连续五天海涛波浪不减，英军被迫离去，后来皇上闻奏，认为此为东海神显灵，御批从军费中拨款重修东海神庙，一时传为美谈。民国十四年（1925）又重修了庙内蠡勺亭。历史上这里店铺林立，商贾云集，每逢阴历正月十八、四月初三、六月十三、十月初三这四次庙会，人山人海，热闹非凡。祭祀之时，殿内香烟缭绕，礼乐齐鸣，祭告海神之礼非常隆重。

清朝建都北京后，即开始派官员循古制祭祀岳、镇、海、渎之神，以示正统。清朝对海神的崇祀又有所恢复，首先明确纳入国家祭典的四海为

---

① 《明史纪事本末》卷五十五《沿海倭乱》。

"海四：曰东海、南海、西海、北海……遣祭岳、镇、海、渎如故"。到雍正二年（1724），"赐东海为显仁，南为昭明，西为正恒，北为崇礼"，恢复了封号。"自仁宗（嘉庆）迄德宗（光绪），封江南、湖北、山东、台湾、安东、江神、汉神、海神，黄陂木兰山、西藏瓦合山、四川峨眉山神，皆以时肇封或崇祀"。①与前朝不同，清朝时期的海神庙不仅有四海海神庙，沿海一些地方还因为种种原因由朝廷出资兴建了不少海神庙，这些新建立的海神庙也被纳入国家祭典范围内，享受春秋致祭的礼遇。据《清史稿》记载，"当是时，海神庙飨，所在多有"，"自是浙江、大沽、大通海神皆建庙修祀"。按《清朝通典》，康熙三十五年（1696），因为天津海道开通，海漕成功，在大沽口建"大沽海口之神"的海神庙，至雍正元年（1723）时，封大沽海口之神"广惠"封号；康熙三十九年（1700），因为黄河口拦沙坝成功破除，河口通畅，特在黄河入海口处的安东县大通口建海神庙一座，春秋致祭；雍正七年（1729），因为海塘修建完工，先封浙江蛟门山龙神为涵元昭泰镇海龙神，后在浙江海宁县东门内建海神庙以酬神，并将该庙海神封为"浙海之神"，后在乾隆二十二年（1757）加封为"宁民显佑浙海之神"。乾隆三年（1738），在江南宝山县建立海神庙，祀典如浙江海宁之海神庙。乾隆二十二年（1757），乾隆皇帝到钱塘观潮，并视察海塘工程，为表彰历年浙江沿海"海波不扬，塘工巩固"，特在浙江省城杭州的观潮楼建海神庙，神号"平潮利涉浙海之神"。

清乾隆"四十三年（1778），始建山海关北海神庙"②，这是北海海神庙首次搬迁到海边。这是因为清初至中叶，我国北方海域相对宁静，皇帝出关到盛京（今沈阳），循海北上，见"山海关至盛京一带，向未建庙宇"，遂决定在山海关澄海楼附近建立北海神庙。清康熙六十一年（1722），还在浙江的尖山建江海潮神庙，一体祭祀。

---

① 《清史稿》卷八十三《礼二》。
② 同上。

海神除了官方封号外，还有依据传说而赋予的称号。《庄子》有一名篇曰《秋水》，描写北海海神与河神的对话，其中的北海海神的名字单叫一个"若"字，可见早在战国时期，北海的海神就有了自己的专名曰"若"。唐朝的《初学记》中，亦有"海神曰海若"的说法，但作者徐坚等人是从《老子》和《风俗通》中转引而来，可佐证庄子的海神为海若的说法在春秋战国时已经流行了。因此，在古代文献中，"海若"又成为海神的总称。但各海的海神还是有各自的名称的，如唐朝《开元占经》中引《太公金匮》中的说法，南海海神曰祝融，东海海神曰勾芒，北海海神曰玄冥，西海海神曰蓐收。此后，因时代不同和需要，人们给四海海神增加了各种姓名，而且还按人间习俗，给四海海神配了夫人，也相应地有名有姓。

四海海神的崇祀和历代的封赐，说明我国在传统的地理观念中，始终有海洋的因素存在，海洋通过国家祭典的不可或缺证明自己存在的地位和重要性。历代王朝也以奄有四海而标榜自己的正统。四海海神享有历代不同的尊崇，反映了海洋在国家生活中重要地位的变化。四海海神庙的变迁也反映了我国海洋疆域的变迁。

表1　历代海神封号与祭祀地点[①]

朝代	东海神 国家封号	东海神 祭祀地点	北海神 国家封号	北海神 祭祀地点	西海神 国家封号	西海神 祭祀地点	南海神 国家封号	南海神 祭祀地点
隋	东海海神	会稽					南海海神	南海
唐	广德王	莱州	广泽王	洛州	广润王	同州	广利王	广州
宋	渊圣广德王；东海渊圣助顺广德王	莱州、定海	冲圣广泽王	孟州	通圣广润王	河中府	洪圣广利王；南海洪圣广利招顺王	广州

① 本表主要依据《通典》《续通典》《皇朝通典》等。

（续表）

朝代	东海神		北海神		西海神		南海神	
	国家封号	祭祀地点	国家封号	祭祀地点	国家封号	祭祀地点	国家封号	祭祀地点
金	渊圣广德王；东海渊圣助顺广德王	莱州	冲圣广泽王	孟州	通圣广润王	河中府	洪圣广利王；南海洪圣广利招顺王	莱州
元	广德灵会王	莱州	广泽灵佑王	登州	广润灵通王	河中府	广利灵孚王	莱州、广州
明	东海之神	登州	北海之神	怀庆	西海之神	蒲州	南海之神	广州
清	显仁	莱州	崇礼	山海关	正恒	蒲州	昭明	广州

由表1可见，对四海海神的祭祀除南海海神从隋朝开始就在广州外，其他三海海神祭祀地点的变化反映出朝代的变迁，以及随着朝代更替而导致的海洋疆域的变化。即便如此，金朝和元朝统治者为说明自己乃是华夏正统，在没有统一的情况下，也要在北方遥祭南海海神，元朝也是在统一后，才改制回到广州祭祀南海海神。北海海神庙到清朝时迁建到山海关，说明我国对北方海洋疆域控制的加强。此前，北宋在其最强盛的初年，依然无法在海边祭祀北海海神。南宋时期，更不得不将东海海神的祭祀地点从山东的莱州迁移到宁波的定海。西海作为象征性的四海海神之一，大都采用遥祭或望祭的形式进行。

在历代朝廷的观念里，最为重要的是东海海神和南海海神。因为东海（历史上东海包括黄海和东海）地区，自古以来一直是中原王朝与海洋、海外连接的"京畿"地区，南海是连接东南亚地区和南亚、西亚及西方世界的中心。

广州南海神庙，隋开皇年间建立，经历代修葺，蔚为大观。历代帝王十分重视祭祀南海海神，经常委高官、遣重臣不远千里到广州致祭，文人墨客更不乏到庙中谒神瞻览、题诗作对者，庙内留下大量碑刻。据清崔弼《波罗外纪》，南海神庙有唐碑一、宋碑十一、元碑十、明碑二十六、清碑二十一。还有宋代苏轼、明代陈献章、清代裘行简等历代名人的诗歌石刻十六种。20世纪50年代后，南海神庙被占用，古建筑、古碑刻遭到破坏。20世纪80年代起，广州市文物管理委员会接管南海神庙，对庙中残存古碑刻进行整理、复原，部分重刻。目前，南海神庙共有碑刻45块，其中唐碑一、宋碑二、元碑一、明碑十七、清碑四，另据原拓片复原宋至清古碑十块，现代书法家书古人咏南海诗碑等十块。其中《南海神广利王庙碑》为庙中现存最早的碑刻，为唐韩愈撰，陈谏书，俗称"韩愈碑"。此碑对研究南海神庙的起源、祭祀等有重大价值，是不可多得的国家海洋信仰崇拜的历史见证。

南海神广利王庙碑

海于天地间为物最钜，自三代圣王莫不祀事。考于传记，而南海神次最贵，在北、东、西三神，河伯之上，号为祝融。天宝中，天子以为古爵莫贵于公侯，故海岳之祝，牺币之数，放而依之，所以致崇极于大神。今王亦爵也，而礼海岳，尚循公侯之事，虚王仪而不用，非致崇极之意也。由是册尊南海神为广利王，祝号祭式，与次俱升。因其故庙，易而新之。在今广州治之东南海道八十里，扶胥之口，黄木之湾，常以立夏气至，命广州刺史行事祠下，事讫驿闻。而刺史常节度五岭诸军，仍观察其郡邑，于南方事无所不统。地大以远，故常选用重人，既贵而富，且不习海事。又当祀时，海常多大风。将往，皆忧戚；既进，观顾怖悸。故常以疾为解，而委事于其副，其来已久。故明宫斋庐，上雨旁风，无所盖障；牲酒瘠酸，取具临时；水陆之品，狼藉筵豆，荐裸兴俯，不中仪式。吏滋不供，神不顾享，盲风

怪雨，发作无节，人蒙其害。

元和十二年，始诏用前尚书右丞国子祭酒鲁国孔公为广州刺史，兼御史大夫，以殿南服。公正直方严，中心乐易，祗慎所职，治人以明，事神以诚。内外单尽，不为表襮。至州之明年，将夏，祝册自京师至，吏以时告。公乃斋被视册，誓群有司曰："册有皇帝名，乃上所自署，其文曰：嗣天子某，谨遣官某敬祭。其恭且严如是，敢有不承？明日吾将宿庙下，以供晨事。"明日，吏以风雨白，不听。于是州府文武吏士凡百数，交谒更谏，皆揖而退。公遂升舟，风雨少弛，棹夫奏功，云阴解驳，日光穿漏，波伏不兴。省牲之夕，载晹载阴；将事之夜，天地开除，月星明穊。五鼓既作，牵牛正中，公乃盛服执笏，以入即事，文武宾属，俯首听位，各执其职。牲肥酒香，樽爵静洁，降登有数，神具醉饱。海之百灵秘怪，慌惚毕出，蜿蜿蛇蛇，来享饮食。阖庙旋舻，祥飚送帆，旗纛旌旄，飞扬晻霭；铙鼓嘲轰，高管嗷噪；武夫奋棹，工师唱和；穹龟长鱼，踊跃后先；乾端坤倪，轩豁呈露。祀之之岁，风灾熄灭，人厌鱼蟹，五谷胥熟。明年祀归，又广庙宫而大之，治其庭坛，改作东西两序。斋庖之房，百用具备。明年其时，公又固往，不懈益虔，岁仍大和，耋艾歌咏。

始公之至，尽除他名之税，罢衣食于官之可去者。四方之使，不以资交，以身为帅，燕享有时，赏与以节，公藏私畜，上下与足。于是免属州负逋之缗钱廿有四万，米三万二千斛。赋金之州，耗金一岁八百，困不能偿，皆以丐之。加西南守长之俸，诛其尤无良不听令者，由是皆自重慎法。人士之落南不能归者，与流徙之胄百廿八族，用其才良，而廪其无告者。其女子可嫁，与之钱财，令无失时。刑德并流，方地数千里，不识盗贼；山行海宿，不择处所。事神治人，其可谓备至耳矣。咸愿刻庙石以著厥美，而系以诗，乃作诗曰：

南海阴墟，祝融之宅。即祀于旁，帝命南伯。

吏惰不躬，正自今公。明用享锡，右我家邦。
惟明天子，惟慎厥使。我公在官，神人致喜。
海岭之陬，既足既濡。胡不均弘，俾执事枢。
公行勿迟，公无遽归。匪我私公，神人具依。

另一块重要碑刻为《大明诏旨碑》，立于洪武三年（1370）。据黄宗羲《明文海》所载，碑文为翰林待制王袆撰，以明太祖授意写成：

大明诏旨碑

奉天承运皇帝诏曰：自有元失驭，群雄鼎沸，土宇分裂，声教不同。朕奋起布衣，以安民为念，训将练兵，平定华夷，大统以正。永惟为治之道，必本于礼，考诸祀典，知五岳五镇四海四渎之封，起自唐世，崇名美号，历代有加，在朕思之，则有不然。夫岳、镇、海、渎，皆高山广水，自天地开辟，以至于今，英灵之气，萃而为神；必皆受命于上帝，幽微莫测，岂国家封号之所可加？渎礼不经，莫此为甚。至如忠臣烈士，虽可以加封号，亦惟当时为宜。夫礼所以明神人，正名分，不可以僭差。今命依古定制：凡岳、镇、海、渎，并去其前代所封名号，止以山水本名称其神。郡县城隍神号，一体改正。历代忠臣烈士，亦依当时初封以为实号，后世溢美之称，皆与革去。其孔子善明先王之要道，为天下师，以济后世，非有功于一方一时者可比，所有封爵，宜仍其旧，庶几神人之际，名正言顺，于理为当，用称朕以礼祀神之意。所有定到各神号，开列于后：

五岳：称东岳泰山之神，南岳衡山之神，中岳嵩山之神，西岳华山之神，北岳恒山之神。

五镇：称东镇沂山之神，南镇会稽山之神，中镇霍山之神，西镇吴山之神，北镇医无闾山之神。

四海：称东海之神，南海之神，西海之神，北海之神。

四渎：称东渎大淮之神，南渎大江之神，西渎大河之神，北渎大济之神。

各处府州县城隍，称某府城隍之神，某州城隍之神，某县城隍之神。

历代忠臣烈士，并依当时初封名爵称之。

天下神祠无功于民不应祠典者，即系淫祀，有司毋得致祭。

于戏！明则有礼乐，幽则有鬼神，其理既同，其分当正。故兹诏示，咸使闻之。洪武三年六月初三日。

朱元璋之后，终明一代，除明熹宗于天启元年（1621）敕封祝融为"南海广利洪圣大王"之外，所有皇帝均循祖制，没有给南海神另加封号。

南海神庙中所矗立的唐、宋、元、明、清历代碑刻，对了解岭南文物典章、风俗习惯和书法艺术有极为重要的价值，有"南方碑林"之誉。

海神之祀，成为礼仪之邦中礼的一个组成部分，是海洋文化渗透在中华千年文化中一种最高形式的表达。

第二章 蓬莱仙境:从帝王到民间的共同追求

海洋仙境信仰作为一种文化现象，是中国海洋文化的特产，具有悠久的历史、丰富的内涵、无穷的魅力。它自先秦时代即被创造出来，充满着自先秦时代就有的中国特殊的海洋哲学、美学精神，成为上至帝王、下至民间对辽阔浩渺的海洋的精神寄托和人生理想。对海洋的热爱，对海洋的畅想，对海洋的迷恋，通过实际的航海，通过信仰的追求，通过艺术的表现，在历史上不断被丰富，不断被丰满，直到今天，这依然是中国人独特的海洋精神寄托和审美向往之所在。

中国海洋仙境信仰文化的核心是海洋神山仙境意象。海洋神山仙境意象是中国丰富的海洋精神意象的一种，通过形象思维的意识感知，赋予某种神奇的海洋现象以艺术化形象。海洋精神意象的内涵可以是指向信仰层面的，也可以是指向文学艺术审美层面的，而海洋神山仙境意象二者兼具，自先秦至今几千年来一直传承不断，具有无限丰富的精神信仰与艺术审美内涵。它是中国先民对海洋奥秘的精神探寻和艺术感知，将海洋信仰与海洋审美集成于一体，自先秦就在中国海洋文化历史上广泛影响着人们的精神观念和审美世界。

中国海洋神山仙境信仰文化的代表性意象，自古至今，非蓬莱莫属。

以海中蓬莱为代表的中国海洋神山仙境信仰文化，更多体现的是仙性，中国人信仰之、追求之的核心理念是长生、幸福。

第一节 "蓬莱神山仙境"信仰的起源

在中国的文化观念里,一提"蓬莱"二字,自然让人想到当今的山东半岛黄渤海交界岸边的蓬莱市及其旅游景点蓬莱阁,并由此联想到海中"蓬莱"——神山仙境的"代表""三神山"(蓬莱、瀛洲、方丈),联想到"海上八仙",联想到为求海中"长生不老药"而奔波东巡的千古一帝秦始皇,还有为他出海去寻"长生不老药",最终跨海东渡、"止王不来"的"齐人"方士徐福,并由此联想到至今无论是韩国还是日本,那些"徐福登岸处""徐福宫""徐福墓"等遗迹,以及那些难以计数的以徐福集团的后代子孙自居的日本国民们。

"蓬莱"信仰起源于中国古人对大海的浩渺无边、山岛其间、海天缥缈、神奇变幻的认识。所谓"海市蜃楼",只不过是海水表面对陆地山川城郭景物在特殊物理光摄条件下的反映。但古人并不懂得这些,于是有了这样的幻想,这样的信仰,这样的传说,这样的充满了魅力并且美丽的追求。一切民俗信仰的形成,多半是对这种美丽的幻象追求的缘故。这正是民俗生活的意趣。

民间海洋信仰包括关于海体海水的信仰、关于海岛岩礁由来的信仰、关于渔船渔具的信仰、关于海洋水族动物的信仰、关于海中精灵(包括美人鱼、海妖等)的信仰、关于著名涉海人物的信仰以及关于海上仙山灵物的信仰等,在中国沿海及岛屿民间社会广泛传承,所在多有。在这众

多的涉海信仰中，关于蓬莱神山（亦多称仙山）、仙人的信仰则流传更为广泛和普遍，几乎家喻户晓，影响广泛深远。其中以山东蓬莱、长岛一带为最。

在《列子·汤问篇》中保留了关于海中仙山的传闻："渤海之东不知几亿万里，有大壑焉，实惟无底之谷，其下无底，名曰归墟。八纮九野之水，天汉之流，莫不注之，而无增无减焉。其中有五山焉：一曰岱舆，二曰员峤，三曰方壶，四曰瀛洲，五曰蓬莱。其山高下周旋三万里，其顶平处九千里。山之中间相去七万里，以为邻居焉……所居之人，皆仙圣之种，一日一夕飞相往来者，不可数焉。而五山之根，无所连箸，常随潮波上下往还。……诉之于帝，帝恐流于西极，失群仙圣之居，乃命禺强使巨鳌十五举首而戴之，迭为三番，六万岁一交焉。五山始峙而不动，而龙伯之国有大人，举足不盈数步而暨五山之所，一钓而连六鳌，合负而趣，归其国，灼其骨以数焉。于是岱舆、员峤二山，流于北极，沉于大海，仙圣之播迁者巨亿计。"

至迟从新石器时期起，这种将海中某些生物视为灵物的民俗信仰就已经产生，并且物化为民俗生活内容了。人们相信，海中的蜃是通神的，《国语·晋语》说得明白："雀入于海为蛤，雉入于淮为蜃。鼋鼍鱼鳖，莫不能化。"滨海的人们至今常见的海市蜃楼现象，之所以名之为"蜃楼"，就是相信这是海中"大蜃"即"大蛤"吐气造"市"为"楼"所致。人们相信，海物即能"化"而飞升，神力无边，非人所及，而滨海常以海物为食者，所得营养丰富，滋补有道，长胡子老翁不乏其人，因而更能推及海物的长生不死。所谓"海上方士"，亦即燕齐等滨海之地的方术医士，这些方士得以大行其道，为这种海中仙人仙山仙药信仰推波助澜，也是当时"时代使然"。"蓬莱"者，就是这些方士们所创造的许多仙山仙境中最被人们所熟知、最为普及化的一个。

蓬莱神山（仙山）、仙人信仰，是中国古代神仙信仰的重要组成部分。中国古人认为大海"浮天无岸""吐云霓,含龙鱼,隐鲲鳞"[①],尤其是"海市蜃楼"景观的出现,使人们恍惚觉得"其中有象""其中有物",认为这是群仙出入的"灵居",于是有关海中仙人仙物的传说,如仙人衣、仙人花、仙人杖、仙人杏、仙人洞、仙人药等日渐增多,从而营造出了一个海中神山、神仙世界,即东方瀛海中的蓬莱、瀛洲、方丈"三神山",其中以"蓬莱"最为著名。关于这些"仙山""仙人"的故事,人们统称之为"蓬莱仙话",尤盛于战国秦汉之际生活于海边的燕齐方士之间。

"蓬莱"信仰及其"蓬莱仙话"之说,作为文字记载的"文本",比较集中的是成书于战国时代的《山海经》,里面有许多可称之为"海上奇闻录"或"海外奇闻录"的关于四海海神的记载。其中关于"海外"或"海中"的"大人之国""大人之市"之说,平添了人们无尽的信仰和艺术的想象力。《山海经》中,就有许多关于不死之山、不死之国、不死之树、不死之民、不死之药的记载,成为后来的"蓬莱仙人""仙境"之说的滥觞。而创制了一代哲学思想,以其浪漫情怀、出世思想影响了千秋万代人的庄子,则用其道家哲学的思辨能力和文学光彩,为"海上之乐"的"逍遥"思想及其仙道信仰之说的普及,开启了更为深广的天地。

中国的这种早期海洋信仰,对于后世的影响是深远的。中国人几乎都知道海中有仙山,中国人几乎都把美妙的胜景比作仙境。后来的秦始皇四次巡海,汉武帝七次巡海,尽管主要应出于海疆巩固的考虑,但在后世的文化认同里,都打上了这种海洋信仰的烙印。

中国神仙思想、方士文化和道家哲学、道教文化一脉相承。中国道教科学技术史家姜生指出:追求"长生久视"是道教信仰的根本目标,"道教信仰者们没有建立起一个无所不能的唯一至上神,不能像基督徒那样期待上帝的拯救,而是靠自己来拯救自己。道士们必须亲自探索使自己获得

---

① 木华:《海赋》,见《文选》。

拯救的方法，他们相信人类可以通过特定的手段使生命转化为永远不死的神仙，所以他们必然要探索那些可能使生命得到保护和延续的手段"。①道教与其他的宗教不同，不是要信徒们进入"天国"或西方"极乐世界"，而是要其信徒们在信仰"道"的理论指导下，去追求长生，这样的目标是现实的，不是超现实的、彼岸的。如姜生认为，"追求长生，也一直是科学追求的目标。在这一点上，道教与科学有了一致性。为了长生久视，道教徒们先是向外界攫取能够获得长生久视的能量，以使自己的身体能够与道同一"。②中国古代早期的海洋信仰，是后世中国道教和民间信仰的重要渊薮。

---

① 姜生：《中国道教科学技术史·导论》，载姜生、汤伟侠主编《中国道教科学技术史：汉魏两晋卷》，科学出版社，2002年。

② 参见陈德述：《读〈中国道教科学技术史·导论〉》，http://scchds.bokee.com/viewdiary.16559592.html。

第二节　秦皇汉武求仙与"蓬莱神山仙境"信仰的盛行

齐威王（？—前320）、齐宣王（？—前301）、燕昭王（？—前279）以及著名的秦始皇、汉武帝都是入海求仙的热心者。他们的巡海求仙之举强化了"蓬莱仙境"信仰的盛行。

为什么秦始皇和汉武帝对海洋情有独钟，对入海求仙如此热衷？一般认为，秦、汉的统一王朝，虽然不约而同地选择了黄河流域中游地区作为建都之地和政治中心，但他们的宗教崇拜和信仰却表现出对东方文化的依恋，究其原因，无论是秦朝的帝王还是汉朝的皇室，他们的祖居之地都在东方。虽然已经远离故土，但他们与故土文化在心理上的联系却割舍不断，有着挥之不去的故土原乡文化情结。①

《史记》和《汉书》记载下了秦始皇、汉武帝多次东巡海上的具体过程，在这些地方都留下了他们的历史遗迹，有许多至今仍然是著名的历史人文景观。

秦始皇东巡海上的活动具体如下：

公元前219年，秦始皇第一次来到齐地海滨。这次，他先是在泰山完成了封禅大典，然后来到渤海海边，经过黄县（今山东龙口）、腄县（今山东牟平），登上了芝罘山，并在该处立石刻碑，其后一直向东到达了成山头。接着，又折而向南，登琅琊，在此驻留三个月。他下令迁徙三万户

---

① 王克奇：《秦皇东巡与汉武封禅》，山东文艺出版社，2004年版，第19~20页。

人口到此地，免除十二年赋税，将琅琊台整修一新，临走又刻石以彰秦的功德，这就是著名的《琅琊刻石》。

琅琊台上的"颂秦功德"碑，即始皇碑，传为李斯手书，共计496字；公元前209年，秦二世胡亥登琅琊台，亦刻碑记于始皇碑旁，即二世碑，共计78字，亦李斯手书。两碑文字俱见于《史记》，现俱存于国家博物馆，成为珍贵的古迹文物。刻石文据《史记》引文为：

> 维二十八年①，皇帝作始。端平法度，万物之纪。以明人事，合同父子。圣智仁义，显白道理。东抚东土，以省卒士。事已大毕，乃临于海。皇帝之功，勤劳本事。上农除末，黔首是富。普天之下，抟心揖志。器械一量，同书文字。日月所照，舟舆所载。皆终其命，莫不得意。应时动事，是维皇帝。匡饬异俗，陵水经地。忧恤黔首，朝夕不懈。除疑定法，咸知所辟。方伯分职，诸治经易。举错必当，莫不如画。皇帝之明，临察四方。尊卑贵贱，不逾次行。奸邪不容，皆务贞良。细大尽力，莫敢怠荒。远迩辟隐，专务肃庄。端直敦忠，事业有常。皇帝之德，存定四极。诛乱除害，兴利致福。节事以时，诸产繁殖。黔首安宁，不用兵革。六亲相保，终无寇贼。欢欣奉教，尽知法式。六合之内，皇帝之土。西涉流沙，南尽北户。东有东海，北过大夏。人迹所至，无不臣者。功盖五帝，泽及牛马。莫不受德，各安其宇。维秦王兼有天下，立名为皇帝，乃抚东土，至于琅琊。列侯武城侯王离，列侯通武侯王贲，伦侯建成侯赵亥，伦侯昌武侯成，伦侯武信侯冯毋择，丞相隗林，丞相王绾，卿李斯，卿王戊，五大夫赵婴，五大夫杨樛从，与议于海上。曰："古之帝者，地不过千里，诸侯各守其封域，或朝或否，相侵暴乱，残伐不止，犹刻金石，以自为纪。古之五帝三王，知教不同，法度不明，假威鬼神，以欺远方，实

---

① 依后世多种《琅琊刻石》叙录，刻石原文为"维廿六年"。

不称名，故不久长。其身未殁，诸侯倍叛，法令不行。今皇帝并一海内，以为郡县，天下和平。昭明宗庙，体道行德，尊号大成。群臣相与诵皇帝功德，刻于金石，以为表经。"

就在这次东巡期间，秦始皇收到了齐人徐福的上书。徐福在上书中说，在海中有三座神山，名为蓬莱、方丈、瀛洲，上有仙人居住，还有长生不老之药。他请求举行斋戒仪式，并率领童男童女去海外寻找。秦始皇一听大喜，马上派其出海寻求神异。此后，徐福前前后后出海多次，均未找到什么仙山及仙药。

公元前218年，秦始皇开始了第二次巡游。这次出巡并不顺利，在河南博浪沙遭到张良指使的刺客袭击，他下令搜寻十日，也没能抓到刺客。不久，秦始皇来到了海边，再次登上芝罘山，并刻石留念。紧接着，他们一行又到了琅琊，后返回。

公元前215年，秦始皇再次出巡海滨，这次的地点是原属燕国的碣石山。这一时期，燕地也是方术仙道流传的地区，邹衍曾经做过燕昭王的老师，将其阴阳五行及大小九州的理论也带到了燕国。所以，秦始皇这次巡游碣石山同样没有忘记海上求仙。据《史记·秦始皇本纪》记载，他这次巡行，"使燕人卢生求羡门、高誓""使韩终、侯公、石生求仙人不死之药"。结果，卢生入海还，"以鬼神事，因奏录图书，曰'亡秦者胡也'"。于是，"始皇乃使将军蒙恬发兵三十万北击胡，略取河南地"。

公元前210年，秦始皇最后一次巡行，他游云梦、沿江而下，过丹阳，至钱塘，观钱塘潮，上会稽山，祭禹陵墓，最后渡江北上，再次到达琅琊。这次，被派遣出海求仙却两手空空的徐福，又来上奏，说"蓬莱药可得，然常为大鲛鱼所苦，故不得至，愿请善射与俱，见则以连弩射之"[①]，再次得到了秦始皇的信任。《史记·淮南衡山列传》中记载了这一

---

① 《史记》卷六《秦始皇本纪》。

事件，他向秦始皇奏道：

> 臣见海中大神，言曰："汝西皇之使邪？"臣答曰："然。""汝何求？"曰："愿请延年益寿药。"神曰："汝秦王之礼薄，得观而不得取。"即从臣东南至蓬莱山，见芝成宫阙，有使者铜色而龙形，光上照天。于是臣再拜问曰："宜何资以献？"海神曰："以令名男子若振女与百工之事，即得之矣。"

秦始皇龙颜大悦，马上派徐福率领三千童男女，携带五谷种子，并由百工随行。徐福这次出海后，再没有回来。《史记》记其"得平原广泽，止王不来"。后世人们一直相信他到了日本，并言之凿凿，至今在日本仍有大量徐福集团登陆、繁衍的文化遗迹。

汉武帝在位期间曾经七巡山东、六封泰山，其中数次到达山东海滨地区。具体如下：

元封元年（前110）冬十月，汉武帝封禅泰山，次年三月，"东巡海上，行礼祠八神"。这"八神"之祠，都在山东半岛。然后"至碣石，自辽西历北边九原，归于甘泉"。

元封五年（前106），汉武帝从长安先至九嶷山祭祀虞舜，然后登上霍县天柱山祭祀山神，后北至琅琊入海，最后又封泰山。

太初元年（前104）十二月，汉武帝"东临渤海，望祠蓬莱"。后在今蓬莱地置蓬莱镇。

太初三年（前102）春正月，汉武帝"行东巡海上。夏四月，还"。

天汉二年（前99）春，汉武帝"行幸东海"。

太始三年（前94），汉武帝"行幸东海，获赤雁，作《朱雁之歌》。幸琅琊，礼日成山。登芝罘，浮大海"。

征和四年（前89），汉武帝最后一次来山东，巡幸到东莱观海。

总体而言，秦皇、汉武东巡海上，一方面有巡行天下、视察民情、巩固国家统一的考虑，另一方面又为求取海上不死仙药。他们巡海求仙，极大地强化了自秦汉以降的中国海洋神仙信仰，成了中国海洋神仙信仰的"最高代表人物"。①

中国帝王的巡海求仙，以秦皇汉武为最，而滥觞于先秦。

> 自威、宣、燕昭使人入海求蓬莱、方丈、瀛洲。此三神山者，其传在渤海中，去人不远，患且至，则船风引而去。盖尝有至者，诸仙人及不死之药皆在焉。其物禽兽尽白，而黄金银为宫阙。未至，望之如云；及到，三神山反居水下。临之，风辄引去，终莫能至云。世主莫不甘心焉。②

司马迁的《史记》，让我们看到了"蓬莱"信仰是如何影响、左右着帝王们和臣民们的生活和行事及命运的：

> 及至秦始皇并天下，至海上，则方士言之不可胜数。始皇自以为至海上而恐不及矣，使人乃赍童男女入海求之。船交海中，皆以风为解，曰未能至，望见之焉。其明年，始皇复游海上，至琅琊，过恒山，从上党归。后三年，游碣石，考入海方士，从上郡归。后五年，始皇南至湘山，遂登会稽，并海上，冀遇海中三神山之奇药。不得，还至沙丘崩。③

---

① 参见王克奇《秦皇东巡与汉武封禅》、安作璋《山东通史·秦汉卷》等书，特此说明，并致谢忱。
② 《史记》卷二十八《封禅书》。
③ 同上。

以上这些地区，都是港口。这种起自先秦齐、燕滨海之地的海上蓬莱神山（仙山）、仙境、仙人、仙药的长生信仰，及至秦始皇"至海上"，竟使得"燕齐海上之方士"们"言之者"人数之众，达到了"不可胜数"的地步。由此可见当时人们的海洋探寻与港航活动应是何等频繁，大大小小的港口帆樯出进，该是何等密织。

秦始皇巡海求仙不得，并没有使后世的海洋神仙信仰弱化。到汉武帝时，入海求仙反而变本加厉，登峰造极。司马迁《史记·封禅书》说："今天子初即位，尤敬鬼神之祀。"上行下效，海中神仙信仰愈发风靡。兹据《史记·封禅书》等史籍记载略述之。

最初靠言神仙得宠的是李少君。他对汉武帝说："祠灶则致物，致物而丹沙可化为黄金。黄金成，以为饮食器则益寿，益寿而海中蓬莱仙者乃可见，见之以封仙则不死，黄帝是也。臣尝游海上，见安期生，安期生食巨枣，大如瓜。安期生，仙者，通蓬莱中，合则见人，不合则隐。"于是"天子始亲祠灶，遣方士入海求蓬莱安期生之属"。后"李少君病死，天子以为化去不死，而使黄锤、史宽舒受其方，求蓬莱安期生，莫能得，而海上燕齐怪迂之方士多更来言神事矣"。

李少君死后第二年，又有齐人少翁，以鬼神之方得宠于武帝，说是能致神仙。后来做假露了馅，武帝一怒之下把他杀了。不料过了四年，其师弟栾大又步其后尘来到汉宫。栾大是胶东王的宫人，原来就以神仙方术迷惑胶东康王。栾大彻底迷惑了武帝，在数月之内，连连受封为五利将军、天士将军、地士将军、大通将军、乐通侯、天道将军。栾大佩六将军印，尚公主，一时荣宠无比。"于是五利常夜祠其家，欲以下神，神未至而百鬼集矣，然颇能使之。其后治装行，东入海，求其师云。大见数日，佩六印，贵震天下，而海上燕齐之间，莫不扼腕而言有禁方，能神仙矣。"编造神话，造作玄虚竟成为一时时尚。

后来虽然栾大被杀，但武帝求仙之痴心不改，而神仙妄言自然不息。

不久，又有齐人公孙卿通过太监献上一本一般人都认为荒诞不经的书，说书是从与安期生交好的齐人申公那里得来，宝鼎出世则出圣人，黄帝就是通过得宝鼎又封禅才登仙的，而现时与黄帝时条件相当，汉武帝也会像黄帝一样得鼎升天。果然就有鼎出，汉武帝大悦，拜公孙卿为郎，让他到东边太室山等候迎仙。公孙卿说见仙人于缑氏城上，骗得汉武帝去看，什么也没看到。他又说黄帝是蓬莱仙人引导飞升的，于是，"上遂东巡海上，行礼祠八神。齐人之上疏言神怪奇方者以万数，然无验者"。"天子既已封泰山，无风雨灾，而方士更言蓬莱诸神若将可得，于是上欣然庶几遇之，乃复东至海上，望冀遇蓬莱焉。""其春，公孙卿言见神人东莱山，若云'欲见天子'，天子于是幸缑氏城，拜卿为中大夫，遂至东莱，宿留之数日，无所见，见大人迹云。复遣方士求神怪采芝药以千数。""其后二岁……东至海上，考入海及方士求神者，莫验，然益遣，冀遇之。……今上封禅，其后十二岁而还，遍于五岳、四渎矣。而方士之候祠神人，入海求蓬莱，终无有验。……天子益怠厌方士之怪迂语矣，然羁縻不绝，冀遇其真，自此之后，方士言神祠者弥众，然其效可睹矣。"司马迁似乎带着嘲讽的笔调写来，但稍加留心，便会发现，当时山东一带言神仙方术者以万数，派出海上寻仙者以千数。当时齐国一共能有多少人，几千几万，真是一个全民言仙的群众运动，所造出的种种仙话怪异，不用说是数不清了。

汉武帝寻仙的时间是如此之长，涉及范围是如此之大，参与的人数是如此之多，在中国皇帝之中可算第一。那么多人创作"怪迂语"，又有更多人推波助澜，便有许多故事流传下来。流传日久，后世竟说汉武帝已寻到神仙，常有仙人与之游，如西王母、上元夫人等。托名郭宪的《汉武帝别国洞冥记》，托名班固的《汉武内传》，题名葛洪所作的《神仙传》，任昉所著的《述异记》，都有关于汉武寻仙及与神仙交谈之事，《别国洞冥记》还把东方朔说成神仙。

第三节 "蓬莱神山仙境"信仰的泛化

到了魏晋南北朝时期,"蓬莱"等三神山已经不能满足人们创造海洋仙山仙境的丰富想象空间的需求,于是"十洲""十洲三岛"等说普遍流行,导致了"蓬莱仙境"信仰的进一步泛化。

在创作"蓬莱仙境"意象的"小说家言"中,魏晋南北朝时期的笔记作品可谓蔚为大观。神仙家、博物家、小说家、道家、佛家及其宗教宣传著述,后世多视其为志怪小说。他们承继先秦诸子和《山海经》及方士谶纬之绪,更张而皇之,其作品中对海洋的面貌、玄想和信仰等描述、铺排得更为广博系统、具体细微、形象生动,艺术手段的运用更为娴熟多样,熠熠生辉。其中如《神异经》《洞冥记》《十洲记》《列仙传》《神仙传》《列异传》《博物志》《拾遗记》等等,涉海故事甚夥。①

《十洲记》,又称《海内十洲记》《十洲仙记》《十洲三岛记》《海内十洲三岛记》等,托名东方朔撰,史家考证谓不可信,多谓六朝人作,史书有录为地理类、道书者,或称之为"道家之小说"。是书宋张君房《云笈七签》卷二六录全文,分序、十洲、三岛凡三部分。内容说汉武帝听王母讲八方巨海中有十洲,遂向东方朔问讯,东方朔为之细说端详。这十洲是:祖洲、瀛洲、玄洲、炎洲、长洲、元洲、流洲、生洲、凤麟洲、聚窟

---

① 本节以下所引篇目,多转引自李剑国《唐前志怪小说史》,南开大学出版社,1984年,不另注。

洲；还有沧海岛、方丈洲、蓬莱山、昆仑山之大丘灵阜、真仙神宫、仙草灵药、甘液玉英、奇禽异兽等，上面紫宫金阙琼阁，众仙林立纷纭，非现实世界可比，张皇得令人向往而又实不可及——那毕竟是古人思想信仰中和艺术中的海洋，而非世界上真实的海洋。八方巨海中自然多有岛屿、国家，风景风情和人文建筑等自然与内陆不同，但无论如何那也是现实世界，且不说大多人不能亲抵实见，即使亲自抵达察访，哪里会有什么太玄都、太帝宫、太上真人、鬼谷先生、天帝君、西王母、金芝玉草、长生不老之人？但既然是小说家言，毕竟有其信仰的和艺术的双重感染作用力：

祖洲，近在东海之中，地方五百里，去西岸七万里。上有不死之草，草形如菰，苗长三四尺。人已死三日者，以草覆之，皆当时活也。服之令人长生。昔秦始皇大苑中多枉死者横道，有鸟如乌状，衔此草覆死人面，当时起坐而自活也。有司闻奏，始皇遣使者赍草，以问北郭鬼谷先生。鬼谷先生云："此草是东海祖洲上，有不死之草，生琼田中，或名为养神芝。其叶似菰，苗丛生，以株可活一人。"始皇于是慨然言曰："可采得否？"乃使使者徐福，发童男童女五百人，率摄楼船等，入海寻祖洲。遂不返。福道士也，字君房，后亦得道也。

沧海岛，在北海中，地方三千里，去岸二十一万里。海四面绕岛，各广五千里，水皆苍色，仙人谓之沧海也。岛上俱是大山，积石至多……（长生仙草）百余种，皆生于岛石，服之神仙长生。岛中有紫石宫室，九老仙都所治，仙宫数万人焉。

瀛洲，在东海中，地方四千里，大抵是对会稽郡，去西岸七十万里。上生神芝仙草，又有玉石，高且千丈。出泉如酒，味甘，名之为玉醴泉，饮之数升辄醉，令人长生。洲上多仙家，风俗似吴人，山川如中国也。

方丈洲，在东海中心，西南东北岸正等，方丈方面各五千里，上专是面龙所聚者。金玉琉璃之宫，三天司命所治之处。群仙若欲升天者，皆往来此洲，受太上玄生箓。仙家数十万，琼田芝草，课计顷亩，如种稻状。亦有石泉，上有九源丈人宫，主领天下水神及龙蛇巨鲸、阴精水兽之辈。

其铺张扬厉可见。这本书值得重视之处还在于，它把先秦即已张扬得沸沸扬扬的海中三神山之说、西汉即有的"十洲三岛"并称①之说等，敷衍成了一个系统的海上神仙世界，必然对后世的海上传说起到了信仰上和艺术上的推波助澜作用。

诸仙人中最有名者，安期生算是一个。早在《史记·封禅书》中，这位安期生就很有名气，《封禅书》记李少君之语说："臣尝游海上，见安期生，安期生食巨枣，大如瓜。安期生仙者，通蓬莱中，合则见人，不合则隐。"至托名刘向所撰的《列仙传》，则给这位"著名"仙人列了一传，曰：

安期先生者，琅琊阜乡人也。卖药于东海边，时人皆言"千岁翁"。秦始皇东游，请见，与语三日三夜，赐金璧度数千万。出于阜乡亭，皆置去。留书与赤玉舄一双为报，曰："后数年求我于蓬莱

---

① 汉东方朔《与友人书》云："游十洲三岛，相期拾瑶草。"《东坡先生诗集注》卷一九《次韵僧潜见赠》注引。转引自李剑国《唐前志怪小说史》，南开大学出版社，1984年，第171页。

山。"始皇即遣使者徐福、卢生等数百人入海。未至蓬莱，辄遇风波而还。

还有那位知名度似乎更高的女仙人麻姑。晋葛洪的《神仙传》中也有她的芳名和看似平静实则惊人的话语：她曾经亲眼见过东海三度变为桑田，目下又到蓬莱，发现海水又变浅了。这样的仙人，不是"长生不死"吗？于是乎引得后世帝王贵族、诗人文士羡慕之余，用作典故，以表现宇宙时间的流逝和人生现实的沧桑之感。

《神仙传》，题晋葛洪撰，其卷一记彭祖论仙人曰："仙人者，或竦身入云，无翅而飞。或驾龙乘云，上造太阶。或化为鸟兽，浮游青云。或潜行江海，翱翔名山。或食元气，或茹芝草。或出入人间则不可识，或隐其身草野之间"。尽管也说他们"虽有不亡之寿，皆去人情，离荣乐，有若雀之化蛤，雉之为蜃，失其本真"，然"好死不如赖活"，面对现实世界的诸多哀愁痛苦，面对人生必有的死亡的不愿与不甘，对于"蓬莱"仙人仙山仙境的追求，也就似乎反而有了一种浓浓的人情味儿。即使贵如帝王将相，也似乎自然而然地十分幻想和希冀着有那么一个不老不死的神仙世界。魏武帝曹操的一篇《气出唱》，写自己欲驾六龙乘风而行，行四海外，到泰山、蓬莱，到海天相接之处，"愿得神之人，乘驾云车，骖驾白鹿，上到天之门，来赐神之药"，活脱脱道出了这种心理的追求。

晋张华《博物志》中"八月槎"的神话传说很有民间意味，趣味也十足，并和民间关于海洋、天河、牛郎织女的神话传说交织为一体，艺术上十分美妙，内容上也很值得重视：

旧说云天河与海通。近世有人居海渚者，年年八月有浮槎去来。不失期。人有奇志，立飞阁于查（即槎）上，多赍粮，乘槎而去。十余日中犹观星月日辰，自后茫茫忽忽，亦不觉尽夜。去十余日，奄至一处，有城郭状，屋舍甚严。遥望宫中多织妇，见一丈夫牵牛，渚次饮之。牵牛人乃惊问曰："何由至此？"此人具说来意，并问此是何处。答曰："君还至蜀郡，访严君平则知之。"竟不上岸，因还如期。后至蜀，问君平，曰："某年月日有客星犯牵牛宿。"讨（当作"计"）年月，正是此人到天河时也。

关于浮槎，晋王嘉《拾遗记》卷一也有一段很妙的传说记载，充满魅力：

> 尧登位三十年，有巨查浮于西海。查上有光，夜明昼灭。海人望其光，乍大乍小，若星月之出入矣。查常浮绕四海，十二年一周天，周而复始，名曰贯月查，亦谓挂星查。羽人栖息其上，群仙含露，以漱日月之光，则如暝矣。虞、夏之季，不复记其出没。游海之人，犹传其神伟也。

今人对此，或以为即因外星人造访而生成的传说，其"巨查"犹如今人所说的"宇宙飞碟"。不管其实若何，这样的传说反映出古人对于海洋、对于星球及其对于人类和宇宙之间的互动、互印的关系的向往、理解和艺术表现，是今人不可忽视的。

王嘉的《拾遗记》还记有名山，包括海中蓬莱、方丈、瀛洲等，多与《十洲记》不同。如记蓬莱山：

> 蓬莱山亦名防丘，亦名云来，高二万里，广七万里。水浅，有细石如金玉，得之不加陶冶，自然光净，仙者服之。东有郁夷国，时有金雾。诸仙说此上常浮转低昂，有如山上架楼，室常向明以开户牖，及雾灭歇，户皆向北。其西有含明之国，缀鸟毛以为衣，承露而

饮，终天登高取水，亦以金、银、仓环、水精、火藻为阶。有冰水、沸水，饮者千岁。有大螺名裸步，负其壳露行，冷则复入其壳；生卵著石则软，取之则坚，明王出世，则浮于海际焉。有葭，红色，可编为席，温柔如罽毛焉。有鸟名鸿鹅，色似鸿，形如秃鹜，腹内无肠，羽翮附骨而生，无皮肉也。雄雌相盼则生产。南有鸟，名鸳鸯，形似雁，徘徊云间，栖息高岫，足不践地，生于石穴中，万岁一交则生雏，千岁衔毛学飞，以千万为群，推其毛长者高蓊万里。圣人之世，来入国郊。有浮筠之干，叶青茎紫，子大如珠，有青鸾集其上。下有沙砺，细如粉，柔风至，叶条翻起，拂细纱如云雾。仙者来观而戏焉，吹风竹叶，声如钟磬之音。

另外还记有三十多个异国外邦的风俗物产，其中对海中之国、海外异邦的涉海奇事奇物，记载和描述都很新奇可喜。如宛渠国：

始皇好神仙之事，有宛渠国之民，乘螺舟而至。舟形似螺，沉行海底，而水不浸入，一名沦波舟。其国人长十丈，编鸟兽之毛以蔽形。始皇与之语，及天地初开之时，了如亲睹。

俨然是"外星来客"。其"沦波舟"，与现代"潜水艇"无异。中国人的丰富的想象力，在中国的海洋信仰文化里十分发达。

早在汉代，文人们对海洋就很关注，对自古传承的海洋仙境意象进行了深化、丰满性再创造，更为普遍地成为人们精神的、情感的和审美的寄托。自汉代开始直至隋唐，文人们传承和再创造海洋仙境的主要文学样式就是赋。唐之后，就主要是诗词了。

汉魏六朝的海洋赋家之作，篇什甚夥。目前可以见到最早的海赋，首推东汉班彪所写的《览海赋》。班彪之后，汉末王粲写出了著名的《游海赋》，对大海的气象面貌作了精彩描述。入晋之后，以海洋为题材的文赋络绎问世，木华、庾阐写有《海赋》，潘岳写有《沧海赋》，孙绰写有《望海赋》。降及南朝，文人们仍在用文赋的形式来呈现大海的神姿仙态，齐之张融、梁之简文帝都写有《海赋》，梁简文帝的《海赋》甚至把视线延伸到"飏波于万里之间，漂沫于扶桑之处"①的远方海域。这说明，人们在用文学手法勾勒大海景观境象的时候，已经对海洋深处所蕴藏的奥妙产生了浓厚的兴趣。②

如班彪（或题班固）的《览海赋》：

余有事于淮浦，览沧海之茫茫。悟仲尼之乘桴，聊从容而遂行。驰鸿濑以缥鹜，翼飞凤而回翔。顾百川之分流，焕烂漫以成章。风波薄其裔裔，逸浩浩以汤汤。指日月以为表，索方瀛与壶梁。曜金璆以为阙，次玉石而为堂。蓂芝列于阶路，涌醴渐于中唐。朱紫彩烂，明珠夜光。松乔坐于东序，王母处于西厢。命韩众与岐伯，讲神篇而校灵章。愿结旅而自托，因离世而高游。骋飞龙之骏驾，历八极而迥周。遂竦节而响应，勿轻举以神浮。遵霓雾之掩荡，登云途以凌厉。乘虚风而体景，超太清以增逝。麾天阍以启路，辟阊阖而望余。通王谒于紫宫，拜太一而受符。

那是多么神妙诱人的海上仙境！无怪乎齐威、齐宣、燕昭、秦皇、汉武等那么神往。③

唐代以诗名世，一个十分突出的特点是，唐诗中涉及海洋的意象大

---

① 《初学记》卷六《海》，中华书局，1962年，第118页。
② 参见王赛时：《中国海洋文学的历史成就》，载曲金良主编《中国海洋文化研究》第4卷，海洋出版社，2004年。
③ 语见谭正璧编：《中国文学家大辞典》，上海书店，1981年，第112页。

多和诗人们陆上的尘世生活感受形成了鲜明的对照。他们以海洋、海上入诗，大多是为了或抒发壮志豪情，或排解积郁不快，或表达老庄思想（以及孔子思想——即使不断谆谆教导世人入世、自己也以身作则的他，有时也有欲"浮海而乐"的思想，可见"浮海而乐"的思想和观念是多么普遍，多么深入人心）。唐朝"诗仙"李白登崂山，见海天一色，云天紫霞，如入仙境，遂赋诗《寄王屋山人孟大融》："我昔东海上，劳山餐紫霞。亲见安期公，食枣大如瓜。中年谒汉主，不惬还归家。朱颜谢春辉，白发见生涯。所期就金液，飞步登云车。愿随夫子天坛上，闲与仙人扫落花。"据考，此诗作于天宝三载（744），传到京城，唐玄宗见后对崂山仙境产生兴趣，于天宝七载（748）派道士王旻、李华周和孙昙到崂山采药，崂山上"敕孙昙采药山房"刻石至今尚存。

以下是唐诗中诗人们常用的几个海洋意象：

"海上鸥"。陈子昂有"不然拂衣去，归从海上鸥"（《答洛阳主人》），"不及能鸣雁，徒思海上鸥"（《宿襄河驿浦》）；杜甫有"赖有杯中物，还同海上鸥"（《巴西驿亭观江涨呈窦使君二首》）；羊士谔有"忘怀不使海鸥疑，水映桃花酒满卮"（《野望二首》）；贾岛有"举翮笼中鸟，知心海上鸥"（《岐下送友人归襄阳》）等。或表现儒、释、道杂糅参半时欲"浮海而乐"之意，或自述闲逸自适之心，或抒发归隐遁逸、海天仙游之思。

"海槎犯斗"，出典见前文引张华《博物志》，在唐人诗中用得更为普遍。如温庭筠有"殷勤为报同袍友，我亦无心似海槎"（《送陈嘏之侯官兼简李常侍》）；韩偓有"岂知卜肆严夫子，潜指星机认海槎"（《南安寓止》），"坐久忽疑槎犯斗，归来兼恐海生桑"（《六月十七日召对自辰及申方归本院》），"稳想海槎朝犯斗，健思胡马夜翻营"（《喜凉》）；徐夤有"扫雪自怜窗纸照，上天宁愧海槎流"（《长安即事》）；杜甫有"不知沧海上，天遣几时回"（《送翰林张司马南海勒碑》），如此等等，不一而足。若举暗用者，更是不计其数。

"蓬莱""海上山"者,如许棠"已住城中寺,难归海上山"(《赠栖白上人》);杜甫有"蓬莱织女回云车,指点虚无是征路"(《送孔巢父谢病归游江东兼呈李白》),"蓬莱如可到,衰白问群仙"(《游子》);孤独及有"超遥蓬莱峰,想像金台存"(《观海》);李端有"蓬莱有梯不可蹑,向海回头泪盈睫"(《杂歌呈郑锡司空文明》);鲍溶有"为问蓬莱近消息,海波平静好东游"(《得储道士书》);李涉有"金乌欲上海如血,翠色一点蓬莱光;安期先生不可见,蓬莱目极沧海长"(《寄河阳从事杨潜》);杜牧有"蓬莱顶上斡海水,水尽到底看海空"(《池州送孟迟先辈》),"今来海上升高望,不到蓬莱不是仙"(《偶题》),等等。有的写虚,有的写实,可谓琳琅满目,诗意隽永,令人一品三叹。①

---

① 参见曲金良主编:《海洋文化概论》,青岛海洋大学出版社,1999年,第152~160、172~195页。

第四节 "八仙过海":家喻户晓的海洋神仙传说故事

自先秦时代,尤其是在燕、齐滨海地区,海上神山仙岛信仰与传说就十分流行。秦汉之后,至魏晋时代,笔记小说大兴,神仙传说故事被文人们记载、整理成书,神仙人物更多的有了具体的名姓,而且往往附会为历史上实有之人,形象更为具体,情节更为生动,流传更为普遍。由于"仙人"众多,在故事传说中他们往往"扎堆",搞一些"集体活动",因此逐渐就有了"八仙"即八个仙人的传说故事。但"八仙"究竟是谁,最初说法很多,还不固定,尚未"定型",有一个不断变迁、定型的过程。

最早的"八仙",有人追溯到东汉时期的"八公",也就是淮南王刘安门下的八个文士,因淮南王死后被传说飞升成仙,因而其八个门下文士也被附会为八个神仙,即"八仙"。晋代,谯秀在《蜀纪》中提出容成公、李耳、董仲舒等为"蜀中八仙"。唐代,杜甫曾作《饮中八仙歌》,指的是李白等八位"酒仙"。以上各种"八仙",虽有"八仙"之名,但与主要在山东半岛流传、后逐渐成为全国性家喻户晓的"八仙过海"故事的"八仙"没有什么关系。

"八仙过海"故事的正式形成,是在元代,其标志就是元明时期无名氏的杂剧《争玉板八仙过海》。

"八仙过海"演绎的故事是:八位仙人在蓬莱阁上饮酒作乐,非常惬意,兴之所至,他们要漂洋过海,到海中神山仙岛上游玩一番。如何漂洋过海呢?他们各显法宝,各显神通,一个个利用自己的法器,或在海面上如履平地,或在空中翩然如飞,最后都抵达了岸上。由此,给世人留下了"八仙过海,各显神通"的成语典故。

但在元代,从"八仙过海"相关题材的戏剧、小说和笔记来看,"八仙"人物的具体形象和姓名来历,还存在不同的说法。到了明朝,吴元泰以有关八仙的民间故事和杂剧、说话为素材,写出了通俗小说《八仙出处东游记》(又名《上洞八仙传》)才使八仙群体成员的姓名、位次最后确定下来,并为后世所沿用。"八仙过海"中的"八仙"成员,其姓名、来历如下:

其一,铁拐李。隋时人,原为一美丈夫,后因应师父老子之约,"元神出窍",不料躯体被人焚烧,只得借用乞丐躯壳。

其二,钟离权。原型为五代宋初人,后讹为汉钟离,附会为汉代人。

其三,张果老。唐玄宗时人,因为在八仙中年纪最长,故被尊为张果老,其原型为唐玄宗时期的著名方士,在后世民间传说中则以一个倒骑毛驴的滑稽老者形象出现。

其四,吕洞宾。相传也为唐时人,差不多是八仙中名气最大的一个,在道教中,全真教奉其为"纯阳祖师",亦称"吕祖",八仙中关于吕洞宾的故事流传最多。

其五,何仙姑。这是八仙中唯一的女性。关于其身世传说不一,但大多也认为是唐时人,因吃仙桃而成仙。

其六,蓝采和。唐末至五代时人,经常以一副行为怪诞、衣衫褴褛,却又行侠仗义、轻财好施的流浪汉形象出现。

其七,韩湘子。唐时人,著名文学家韩愈的侄孙,是一个手持笛子的书生。

其八,曹国舅。北宋人,北宋名将曹彬之孙,宋仁宗曹皇后的弟弟,家世显赫却不喜富贵，只慕仙道。①

关于八仙的形象，明代著名文学家王世贞曾经在《题八仙像后》加以点评："是以八公者，老则张，少则蓝、韩，将则钟离，书生则吕，贵则曹，病则李，妇女则何，为各据一端，作滑稽观耶？"的确，这种男、女、老、少、富、贵、贫、贱的组合，丰富多彩、五花八门，虽然看似杂乱无章，不伦不类，却概括出了人间众生之相，与那些正襟危坐的庙中塑像不同，他们更加活泼、奔放，更能顺应普通民众的需求，所以在民间广受欢迎，尤其是在迎神赛会、祝福拜寿等场合，八仙是必不可少的角色。

宋元以降，八仙信仰传说的逐渐兴盛与道教的发展密不可分。众所周知，宋代皇帝宠信道家，道家势力得到很大发展。尤其是在元代，全真教由于得到朝廷的支持，势力急剧膨胀，他们致力于宣扬八仙，并将其中的钟离权、吕洞宾尊为道祖。如在八仙传说中，钟离权、吕洞宾大多采用梦中点化、自身顿悟的度人方式，这与全真教也是一脉相通的。又如，八仙的组合与"全真七子"也有类似之处。所以，这一时期，全真教与八仙相得益彰，取得了较快发展。八仙逐渐进入道家系统，并占据了一席之地。而全真教的发祥地，就在山东半岛东部滨海的昆嵛山和崂山。

时至今日，八仙的传说仍以山东沿海尤其是蓬莱当地为中心广为流传，如今流行较普遍的版本，说的是——

有一天，八仙兴高采烈地来到蓬莱阁上聚会饮酒。酒至酣时，铁拐李兴之所至，对众仙说："都说蓬莱、方丈、瀛洲三神山景致秀丽，我等何不去游玩、观赏？"众仙齐声附和。吕洞宾说："我等既为仙人，今番渡海不得乘舟，只凭个人道法，各位意下如何？"众仙听了，欣然赞同，来到海边，一个个亮出了自己的法宝。逍遥闲散的汉钟离把手中的芭蕉扇甩

---

① 刘绍智：《八仙出处东游记》，见周均韬、欧阳健等主编《中国通俗小说鉴赏辞典》，南京大学出版社，1993年。

开扔到大海里,那扇子大如蒲席,他醉眼惺忪地跳到迎波踏浪的扇子上,优哉游哉地向大海深处漂去。清婉动人的何仙姑步其后尘,将荷花往海里一放,顿时红光四射,花如磨盘,仙姑亭亭玉立于荷花中间,风姿迷人。众仙谁也不甘落后,吟诗行侠的吕洞宾、倒骑毛驴的张果老、隐迹修道的曹国舅、振靴踏歌的蓝采和、巧夺造化的韩湘子、借尸还魂的铁拐李纷纷将宝物扔入海中。一瞬间各显神通,悠然地遨游在万顷碧波之中。八仙遨海,顿时海面如翻江倒海,滔天巨浪震动了东海龙王的宫殿。东海龙王急派虾兵蟹将出海巡查,方知是八仙各显其能。东海龙王恼羞成怒,率兵出来干涉。八仙不甘示弱,与之争辩,东海龙王命令虾兵蟹将与八仙打斗,并请来南海、北海、西海龙王助战。双方正打得不可开交,南海观音前来调停,双方休战和好,八仙拜别,各持宝物,乘风破浪、遨游而去。①

八仙多以活泼、乐善的群体形象出现,民众喜闻乐见,深得人心,在民间社会非常受欢迎。他们的仙人形象,能够迎合人们吉祥、安康、长寿、幸福的心理希求,因而"八仙献寿"的故事、图画也十分流行。同时,在八仙身上还体现了普度众生、惩恶扬善等传统美德,这些都为民众所喜爱,深深镌刻在民众的记忆里,融入他们的生活中。②

---

① 参见陈文念:《八仙过海》,《大众日报》2012年4月10日。
② 山曼:《八仙:传说与信仰》(《八仙信仰》增订本),学苑出版社,2003年。

第五节 "蓬莱"信仰的依托：蓬莱城、蓬莱阁与"登州海市"

"蓬莱仙境"意象及其信仰的依托是什么呢？是山东半岛北端靠近海中庙岛群岛的登州（今蓬莱市）临海山顶上的蓬莱阁，和这一带海域经常发生的海市蜃楼现象——古代人一直叫做"登州海市"。因登州蓬莱这一带海域"海市"多发，且天下"海市"也以登州海域所发"海市"最为有名，所以"登州海市"既是对登州一带海域所发"海市"的专指，也成了附近乃至全国近海海域所发"海市"的代名词。也正因如此，人们便逐渐将"蓬莱、方丈、瀛洲"三神山中的"蓬莱"，"落脚"在了人间的渤海南岸的古登州今蓬莱市。

蓬莱城，即现在的蓬莱市，坐落在渤海与黄海分界线的南端，城北有丹崖山，依山就势建有蓬莱阁，是中国四大名楼之一。据史书记载，蓬莱城的得名缘起汉武帝。唐人杜佑在《通典》中云："汉武帝于此望海中蓬莱，因筑城以为名。"

蓬莱城自唐代设置登州并移为登州治所，向以登州海道为朝鲜半岛、日本列岛各政权以及历史上我国东北部族政权入中原王朝朝贡和进行经济文化交流的主要登岸港口和设馆接待处（如渤海馆、高丽馆等），因而其声名的海外传播历代不断。

蓬莱阁建于丹崖山上，山下即是海水，恰当黄海、渤海分界线。阁始建于宋代，原是一幢单独的阁楼。明万历十七年（1589），官府又在附近增设了一批建筑物，仍总称蓬莱阁。中经几度重修，至清朝嘉庆二十四年（1819）扩建为一个占地近2万平方米的古建筑群，现在基本保持着这一规模和轮廓。

蓬莱阁所倚立的丹崖山是传说中"八仙过海"的过海处，崖壁中有洞，人称"仙人洞"。古往今来，人们将此山、此阁视作"仙境"，就是由于这里时常出现海市蜃楼，当地人把海市蜃楼叫做"神山现市"。

蓬莱阁中供奉了三组神仙塑像。第一组是东海龙王敖广的龙王宫，第二组是海神娘娘的天后宫，第三组是以吕洞宾为首的"八仙"聚居的蓬莱阁大殿。这三组神仙均与大海密切相关，都是渔民、船家的海洋信仰。

在龙王宫正殿，东海龙王端坐正中，分列两旁的是他的八位站官：巡海夜叉、赶鱼郎、千里眼、顺风耳、雷公、电母、风婆婆、雨神。"海神娘娘"天后宫中的陪神，是四海龙王。据当地人解释，主要是因为"海神娘娘"既然贵为"天后"，天地海的一切自然要归她管辖，四海龙王本听命于天，理所应当听"天后"调遣差使。

与丹崖仙景坊相对的山门有题额，刻"显灵"二字，即为天后宫山门。清道光重建碑记谓："宋徽宗时，敕立天后圣母庙，乃于阁之西营建焉。时在宣和四年（1122年，应为宣和五年，即1123年），计建庙四十八间。"道光十六年（1836）毁于火，现存者为道光十七年（1837）重修者。进入山门，宽敞的院落中，两侧先是钟楼、鼓楼，过此正中有两层坐南朝北的建筑，为三面舞台，称"戏楼"，是演戏祭神的地方。与戏楼舞台相对的为天后宫前殿，左右塑有守门神像。正殿塑有天后、侍女及诸海神神像。寝殿中有天后全身坐像，左右有卧具、床、盥洗器具。原有塑像均毁于"文革"中，现存为近年修复者。旧传阴历正月十六为天后诞辰，届时游人纷至，香火甚盛，称为"庙会"。人们纷纷进香膜拜、求签许愿、捐香火钱,各地渔村纷纷组织戏班、秧歌队到天后宫赛演,至今仍以为俗。

作为蓬莱景观的重要内涵,蓬莱"(登州)海市"与"蓬莱阁"相辅相成,互为因果。《登州府志·山川》:"登州三面距海,其中浮岛不可殚述。每春夏之交,海气幻怪,现种种相,千变万化,眩人耳目,谓之海市。"据现代科学研究,所见"海市"实际上是渤海庙岛群岛或相隔不太远的山川城镇景观的折射影像。但这一奇特的自然景象的成因超越于古时人们的知识水平,于是在战国、秦汉直至魏晋之际,人们纷纷把这一幻象视为超越于人间世俗世界之上的另一世界——神仙的世界,认为人间的生老病死,在神仙世界里是不存在的,因而后者成为人们希冀长生的精神需求。这一虚幻的图景经过神仙家们的大力渲染,一方面极大地调动起了秦皇汉武的好奇心,于是派遣方士入海求之;另一方面调动起了广大民众的信仰与追求心理,因而信之若炽,并历代传承。

在中国古代,海市蜃楼见诸记载的多在今山东半岛环岛海域,包括渤海南部海域和黄海北部海域,古时这一地区大部分属登州辖域,故多称"登州海市"。

宋人沈括《梦溪笔谈》卷二十一记曰:"登州海中,时有云气如宫室、台观、城堞、人物、车马、冠盖,历历可见,谓之海市。"明人叶盛《水东日记》卷三十一也载:"登州蓬莱县纳布老人言,海市惟春三月微微吹东南风时为盛,多见有城郭、楼观、旗帜、人物皆具。然变幻非一,或大而为峰峦林木,或小而为一畜一物,皆有之。"

清人王培荀《乡园忆旧录》卷六记曰:"登州镇城署后太平楼,其下即海。楼前对数岛,海市之起,每由于此。春秋之际,天色微阴则见。岛下先涌白气,状如奔潮,河亭水榭,应目而具,可百余间;文窗雕阑,无相类者。中岛化为莲座,左岛立杆悬幡,右岛化为平台。稍焉三岛连为城堞,而幡为赤帜。睢阳袁可立为抚军,时饮楼上,见艨艟数十扬帆来,兵

士森立,甲光耀日,朱旗蔽天。急罢酒,料理城守,而船将抵岸,忽然不见,乃知是海市也。见《物理小识》。"

登州(今蓬莱)的"蓬莱"之名起于何缘何时?据史料记载,是起源于数次来到蓬莱一带祭祀海神、祈求长生不老仙药的汉武帝。他来到此处,观海市,望蓬莱仙山,祈求蓬莱仙人,希望能看得清楚,因此令人筑高台以助观海,钦命其为"蓬莱"。

历朝历代有多少文人墨客观赏过登州海市?这是今天已经说不清的,有多少当年的诗作流传下来,也是说不清的。清代编纂的《蓬莱县志》,给我们留下了不少信息。其中,像宋代苏轼这样的文学大家,他的一些篇什也收在《蓬莱县志》里。

苏东坡知登州五日,旋即调离,深以未能亲眼看到登州有名的海市奇观为憾,遂祷告神灵,竟然得到了神灵的"允诺",使他大饱眼福,他为此写下了著名的《登州海市诗并叙》:

予闻登州海市旧矣。父老云:"常见于春夏,今岁晚,不复出也。"予到官五日而去,以不见为恨,祷于海神广德王之庙,明日见焉。乃作是诗。

东方云海空复空,群仙出没空明中。
荡摇浮世生万象,岂有贝阙藏珠宫。
心知所见皆幻影,敢以耳目烦神工。
岁寒水冷天地闭,为我起蛰鞭鱼龙。
重楼翠阜出霜晓,异事惊倒百岁翁。
人间所得容力取,世外无物谁为雄。
率然有请不我拒,信我人厄非天穷。
潮阳太守南迁归,喜见石廪堆祝融。
自言正直动山鬼,岂知造物哀龙钟。

伸眉一笑岂易得，神之报汝亦已丰。

斜阳万里孤岛没，但见碧海磨青铜。

新诗绮语亦安用，相与变灭随东风。

苏东坡的《登州海市诗并叙》，名家名作，影响甚大。据《蓬莱县志》"艺文志"所载任睿的《谒苏东坡先生祠，祠横一石勒海市诗，乃真迹也。其为风雨剥蚀久矣。爰建亭其上，而赋之》，诗中自注云"傍有摹本，人争拓之"，可知苏东坡此诗后来的流传情况和作为真迹遗存后世的历史线索，弥足珍贵。

历代文人写蓬莱的，大多会写到蓬莱阁；写蓬莱阁的，大多会写到蓬莱（登州）海市。其中最为著名的，莫过于苏东坡的《登州海市诗并叙》。该诗并叙在诸多文学作品选本中都有选入，另如梅尧臣的《送朱司封知登州》，不论梅尧臣是否见过海市蜃楼，这首诗作为写蓬莱海市景观的名作，同样当之无愧。

"登州海市"之常见，之神奇，每每被人们记录下来。明代登莱巡抚袁可立（1562—1633）的一篇《甲子仲夏登署中楼观海市并序》，为我们活画出了一幅真实的海市蜃楼图，十分难得。

天启四年（1624）五月二十一日，袁可立在登州公署中看到了数年难得一遇、历时七个多小时的海市蜃楼："岛下先涌白气，状如奔潮，河亭水榭，应目而具，可百余间；文窗雕阑，无相类者。中岛化为莲座，左岛立杆悬幡，右岛化为平台，稍焉三岛连为城堞，而幡为赤帜。睢阳袁可立为抚军，时饮楼上。见艨艟数十扬帆来，各立介士，甲光曜目，朱旗蔽天，相顾错愕。急罢酒，料理城守，而船将抵岸，忽然不见，乃知是海市也。"（见明方以智《物理小识》、清赵吉士《寄园寄所寄》）遂诗兴大发，在蓬莱阁上留下了同样千古不朽的名篇《观海市诗》并序：

甲子仲夏登署中楼观海市并序

余建牙东年,岁华三易,每欲寓目海市,竟为机务缨缠,罔克一觐。甲子春,得旨予告,因整理诸事之未集者又两阅月,始咸结局。于是乃有暇晷。仲夏念一日偶登署中楼,推窗北眺,于平日沧茫浩渺间,见俨然一雄城在焉。因遍观诸岛,咸非故形。卑者抗之,锐者夷之,宫殿楼阁,杂出其中。谛观之,飞檐列栋,丹垩粉黛,莫不具焉。纷然成形者,或如盖,如旗,如浮屠,如人偶语,春树万家,参差远迩,桥梁洲渚,断续络联,时分时合,乍隐乍显,真有画工之所不能穷其巧者。世传蓬莱仙岛备诸灵异,其即此是欤?自己历申为时最久,千态万状,未易殚述。岂海若缘余之将去,而故示以此酬厥夙愿耶?因作诗以纪其事云。

登楼披绮疏,天水色相溶。云霭净无际,豁达(来)长风。
须臾蜃气吐,岛屿失恒踪。茫茫浩波里,突忽起崇墉。
垣隅迴如削,瑞采郁葱隆。阿阁叠飞槛,烟霄直荡胸。
遥岑相映带,变幻纷不同。峭壁成广阜,平峦秀奇峰。
高下时翻覆,分合瞬息中。云林荫琦坷,阳麓焕丹丛。
浮屠相对峙,峥嵘信鬼工。村落敷洲渚,断岸驾长虹。
人物出没间,罔辨色与空。倏显还倏隐,造化有玄功。
秉钺来渤海,三载始一逢。纵观临己申,渴肠此日充。
行矣感神异,赋诗愧长公。

诗由董其昌书,刻石九通,诗文、书法成珠联璧合之珍,今存蓬莱阁上。1994 年,袁可立故乡河南睢县文物部门将这一珍贵石刻复制于睢县袁家山上,传为佳话。

同时记述这次登州海市的,还有明天启朝内官徐应元的《甲子仲夏登署中楼观海市》,与袁可立诗同题,不知是偶然的巧合,还是二人约好以同题作诗，诗题竟一字不差，只是后者无序；但其内容和诗趣与前者大相径庭，是一首由海市蜃楼而大发人生世事感慨的诗：

> 有美蓬莱阁，屹然丹山头。高出五云端，俯瞰大海流。
> 坐对三神山，下藏蛟与虬。云气时出没，忽然结为楼。
> 冉冉双城市，鸟隼杂彩游。见岂山灵发，隐若山灵收。
> 把酒一眺望，因之悟所由。岛云有聚散，世事等蜉蝣。
> 东家铅椠子，篝灯焚膏油。西家羽林儿，跃马试戈矛。
> 一旦受知遇，谈笑致通侯。穷达其何尝，海云一转眸。
> 我生信有缘，家世亦瀛洲。岂其追仙侣，来作蓬岛游。
> 麻姑今何在，所思空悠悠。幻影与浮名，总之任短修。
> 倚栏长啸傲，此外复何求。

写海市的，在《蓬莱县志》中非常多，一则可知海市出现的频率之高，二则可知人们有幸见到海市后难以自已的心情和由此生发感慨的不吐不快。如所载明末清初诗人施闰章（1618—1683）的《观海市》：

> 余校士东年，思见海市，事竣谒海庙，因祷焉。翌日临发，海市适见，歌以纪之。
> 蓬莱海市光有无，仲冬物色夸大苏。
> 我亦再拜乞海若，愿假灵迹看须臾。
> 是时苦旱海水涸，神龙困懒枯珊瑚。
> 鼍鼓忽鸣津吏呼，天吴出舞鲛人趋。
> 大竹盈盈横匹练，小竹湛湛浮明珠。
> 方员断续忽易位，明灭低昂顷刻殊。
> 列屏复帐闪宫阙，桃源茅屋成村墟。

沙门小岛更奇绝，浮屠倒影凌空虚。
有时离立为两人，上者为笠下者车。
恙然双扉开白板，中有琪树何扶疏。
三山十洲一步地，群仙冉冉来蓬壶。
神摇目眩看不定，惜哉风伯为驱除。
人间快事亦如此，浮云长据胡为乎？
噫嘻，浮云长据胡为乎！

此诗手迹石刻亦至今犹存，可与苏轼、袁可立海市诗对读，写得细致生动，形象活脱，末联之感慨，有类宋诗的以议论入诗，然而议得自然，论得深刻，又把诗意提升到了一个新的层面。

同样重要者，还有明清时期王世贞的《和吴峻伯蓬莱阁六绝》，并《蓬莱阁后六绝》，以及李攀龙的《赠蓬莱王少府》，王世懋的《寄讯蓬莱阁》，吴维岳的《登蓬莱阁六绝》，徐梦麟的《秋夜泛舟蓬莱阁下》，段展的《铜井》，邹德泳的《登蓬莱阁》，葛翘楚的《蓬莱阁观海市》，陶性的《观海市》，陈鼎的《观海市》，浦镗的《珠玑岩》，万代尚的《题海潮庵壁》，方宝的《登蓬莱阁》，乔应春的《大竹岛》。其中有咏海的，有吟咏人文历史景观的，有吟咏自然景观的，有吟咏海洋历史人物的，有吟咏民间日常生活的，甚至有吟咏以记服食之法的，题材多样，或其情可感，或趣味横生，令人目不暇接，连声喟叹其妙。如王世懋的《寄讯蓬莱阁》：

遥闻高阁俯蓬壶，为问三山定有无。
云暖蜃楼朝结市，月寒鲛室夜沉珠。
惊湍槛外星河覆，异域尊前岛屿孤。
若遇安期须乞枣，莫教秦帝石空驱。

多处用典，用意浅明，既透露着人生的无奈与企盼，又在笔法上显得轻松有趣，空灵别致，令人把玩再三。再如吴维岳的《登蓬莱阁六绝其一》，眼光高远，又落笔平平，然而最后一叹，让人心潮难平：

蓬莱阁上起鸾声，碣石云红峤气清。
海水溟溟春又绿，至今无处问徐生。

若能在泛舟海上时看到海市，那是再幸运不过的了。对此，陶性、陈鼎各自的《观海市》，都写得让人"以不见为恨"。其中陶性的《观海市》把一个自幼在海边生活、在海水里泡大、可以年年看到海市蜃楼的诗人的形象写得活脱不凡：

自幼从鸥海上游，年年蜃市起中流。
十洲半隐黄金阙，三岛重开白玉楼。
汉武旌旗遥荡漾，秦皇车驾漫沉浮。
蓬莱信是无多地，一御虚风即渡头。[①]

[①] 参见王庆云：《长生之梦：古代文人笔下与百姓传说中的"蓬莱"母题》，《民俗研究》2002年第4期。

第六节 "海上仙山"在人间：庙岛群岛

古往今来，人们从蓬莱阁上向海中望去，依稀望见的海中"神山""仙境"，统称为"蓬莱"，曾经吸引着秦始皇、汉武帝一次次巡海东来，祈盼一见。那"海上仙山"，那"神人"，那"仙草"（长生不老药草），到底是什么、在哪里呢？其"真实的所在"，即其现实中的依托，就是蓬莱阁山下海中不远处错落分布着的庙岛群岛。

从蓬莱阁望海，晴空下大海中视线所及处就是点片分布的庙岛群岛南部的长岛、车由岛（鸟岛）、庙岛、南长山岛、北长山岛、大小竹岛等大大小小的岛山。稍有薄雾，庙岛群岛的一座座岛山若隐若现，似真似幻，真乃海中神山仙岛之境。尤其是"每春夏之交，海气幻怪，现种种相，千变万化，眩人耳目"，海上浮悬着在半空中变幻莫测、如城如市的天下奇观"海市蜃楼"的时候，人们相信那就是"神山现市"了。

庙岛群岛亦真亦幻、人间仙境般的景象，从古至今引得无数文人墨客为此神往。宋神宗元丰八年（1085）苏轼写下的《登州海市诗并叙》，被视为"海市之绝唱"，可谓历代文人墨客"海市蜃楼诗"的代表。

庙岛群岛的神仙色彩，也增加了海商船民对海神信仰包括女神妈祖信仰的神秘感和虔诚度。庙岛群岛在历代南北航海交通、中外航海交往和文化传播中之所以如此重要，也和这里岛屿的神秘性、人们对海上神灵的虔诚感密切相关。

庙岛群岛碧波环抱，风光秀丽，气候宜人。这里拥有丰富的旅游资源，大量原生态的自然景观令人赏心悦目。岛上既没有城市车辆的轰响，也没有纷繁人流的喧嚣，宛若一处世外桃源。庙岛群岛被认为是一片原始的、自然的、未经加工的、得天独厚的旅游处女地，是度夏避暑、休憩疗养的宝地。岛上比较著名的旅游景点主要有月牙湾、九丈崖等。

月牙湾又称半月湾或月亮湾，位于北长山岛嵩前村北，长约1公里，依山傍海，形如月牙。月牙湾环抱一泓碧水，蓝似玛瑙，清似明镜，风高浪急时，满湾翡翠，银雪飘飘；晴空万里时，安逸俊美，妩媚可人，置身其间，使人不由得被大海之美所陶醉。九丈崖位于北长山岛西北角，壁立高度69.7米，以其崖壁的巍峨与险峻而著称。此处山崖高峻，水深流急，乱石穿空，惊涛拍岸，雄伟奇特，海蚀地貌十分突出，是海蚀崖的典型代表。

庙岛群岛的环境生态资源非常丰富而又独特，为各种动植物的生息繁衍创造了绝佳的自然环境，使得岛上生存着种类繁多的珍稀野生动植物。这里是鸟的天堂，被誉为"候鸟旅站"，每年途经这里的候鸟有300余种。庙岛群岛及其附近海域还有丰富的海洋生物资源，长岛海参、鲍鱼等顶级海珍品享誉海内外，这里先后被命名为中国"鲍鱼之乡""扇贝之乡""海带之乡"，已经成为我国重要的海珍品生产和出口基地。这里还是海豹的乐园，每年都有大批的西太平洋斑海豹在此逗留休憩。

庙岛群岛优美的环境和丰富的生物资源得益于当地坚持不懈对海洋生态环境的保护和治理。1982年，庙岛群岛成立了长岛省级自然保护区，1988年晋升为国家级自然保护区，目前已先后有12个岛被划为猛禽自然保护区。其中鸟类集中栖息的北隍城岛、大黑山岛、大竹山岛、砣矶岛和南长山岛的礓头被划为重点保护区，车由岛、高山岛和猴矶岛被划为鸟类特别自然保护区，通过一系列措施保护鸟类和其他野生动植物生存和繁殖。庙岛群岛湿地还被列为中国重要湿地，当地同样做了大量的湿地保护和恢复工作，使庙岛群岛这一串海上珍珠始终焕发着美丽的光彩。

庙岛群岛还是我国唯一的海岛国家地质公园、十大最美海岛、最佳避暑胜地和国家级重点风景名胜区，冬暖夏凉、气候宜人。庙岛群岛天蓝、海碧、岛秀、礁奇、湾美、滩洁、林密，自然景观十分迷人，堪称是一个天然打造的海上公园。在这里还能感受到浓郁的海岛民俗风情，这里独特的海洋节庆、海上生产习俗，每年都吸引着海内外大量游人到来。

也正是由于庙岛群岛是天下奇观"海市蜃楼"常现、人们常见"神山现市"的所在，海神娘娘也就最容易"显灵"。庙岛上的娘娘庙，即显应宫因而也就最容易吸引本地和其他中外人士的崇拜，香火最盛。

第七节 "海上诸山之祖":昆嵛山

在胶东半岛东部的海岸线地带,有一条连绵起伏、群峰争立的大山脉,这就是有"海上诸山之祖"之称的昆嵛山。它横亘于烟台的牟平、威海的文登、乳山三市、区之间,逶迤百里,总面积48平方公里,山峦重叠起伏,沟壑犬牙交错,林深谷幽,山势雄伟,古木参天,多有清泉飞瀑,遍布文物古迹,自古以"秀、古、奇、俗、幽"著称于世,以其独有的秀美神韵,被誉为"东方群山之冠"。境内有大崮、小崮、招风崮、枪杆崮、苍山、老铁山等七十二峰,巍峨耸立,万仞钻天,形成了奇峰林立的独特自然景观。

昆嵛山的主峰泰礴顶海拔923米,为山东半岛东部最高峰,轩昂挺拔,雄伟奇峻。据传泰礴顶的名称取自泰山支脉、气势磅礴之意。登顶远眺,三面碧海浩渺,半岛群峰耸翠,昆嵛美景尽收眼底,不是泰山,胜似泰山,同样会令人感受到"一览众山小"的高旷气势。在这里还可观赏云海、日出、山市等奇观。

昆嵛山古老神奇,秀丽多姿,山中烟雾缭绕,霞光映照,别有洞天,松林森邃,崖奇谷幽,苍茫之中自成孤独一派,历来有"仙山之祖"的美誉。北魏史学家崔鸿在《十六国春秋》中称昆嵛山为"海上诸山之祖"。据说蓬莱、方丈、瀛洲等海上仙山,都是昆嵛山所派生。相传,这里还是麻姑仙女修炼、成仙的地方,著名的道教全真派也发祥于此。1992年昆嵛山被列为国家级森林公园，1998年被列为省级风景名胜区。

昆嵛山具有悠久的历史与深厚的文化积淀，从古至今，吸引了无数帝王将相、文人墨客、僧家道众到来，他们或吟诗作赋，或铭碑刻石，或凿洞建庵，为昆嵛山增添了浓郁的文化色彩，使之成为一座天然的历史文化宝库。昆嵛山保存有汉代"永康"石刻，还有此后金元等历代帝王后妃敕封的"圣旨碑""懿旨碑"等。

历史上昆嵛山是佛、道教的圣地，这里寺观林立、洞庵毗连，香火朝暮不绝，尤其是以道教全真派的发祥地而闻名于世。早在秦汉时期，昆嵛山就已被佛教、道教的人士所青睐。到了隋唐，昆嵛七十二峰已是峰峰有寺庙，崮崮现道观，香火经年不断。金大定七年（1167），咸阳道士王重阳自终南山云游到此，心仪此地，便在这里修仙布道，讲经阐玄，并收了丘处机等七个弟子，号称"北七真人"，在宁海（牟平）、文登、莱州等地传道，创立了道教中一个新的宗派——全真派。昆嵛山从此成为中国道教名山，与道家文化结下了不解之缘。

这是著名的麻姑仙女传说中麻姑的故乡。据东晋人葛洪《神仙传》记载，麻姑为女性，修道于胶东牟州东南的姑余山，即昆嵛山，东汉时应仙人王方平之请，降于蔡经家，看起来年十八九，貌美，"于顶中作髻，余发散垂至腰。其衣有文章，而非锦绮，光彩耀日，不可名字"。自谓："接待以来，已见东海三为桑田。向到蓬莱，水又浅于往昔，会时略半也，岂将复还为陵陆乎？"方平笑曰："圣人皆言海中行复扬尘也。"

麻姑三见东海变为桑田，是长寿不死的仙人，故古时以"麻姑"喻高寿。过去民间为女性祝寿多赠麻姑像，取名麻姑献寿。至迟在明代即有画家作"麻姑献寿图"，以为人祝寿之礼品。《神仙传》所记麻姑故事，其"东海三为桑田"和"海中行复扬尘也"，成为后世著名的"沧海桑田"和"东海扬尘"典故的来源。

相传麻姑在昆嵛山潜心修炼时，在这里精心培育仙果、酿造仙酒，最终在某一年的农历三月初三修炼成仙。到了唐代,书法家颜真卿为麻姑纪传立碑。北宋政和六年(1116),宋徽宗赐封麻姑为"虚缈真人",并在此立碑。自此麻姑备受当地人崇拜,并被视为长寿、健美、聪明、正直、纯洁的象征。麻姑传说为昆嵛山增添了神话的色彩。

正因为昆嵛山具有深厚的历史文化积淀和得天独厚的自然环境,这里留存了从古至今数量众多的古迹遗址、寺庙道观、碑碣石刻等人文景观。比较有代表性的是全真教的发祥地烟霞洞、名扬全国的岳姑殿、胶东第一古刹无染寺等。这些人文景观与昆嵛山的自然美景融为一体,更增添了昆嵛山的独特魅力。

烟霞洞位于昆嵛山西北隅,是由一块突兀的岩石自然造化而形成的。洞室呈椭圆形,深7米,高3米,洞内供奉着"七真人"雕像,洞壁上刻"烟霞洞"三个大字。洞外,峰峦环抱,壑谷幽邃,杉柞掩映,危岩矗立,石径回绕,透迤多姿,奇秀壮观。古人有诗赞叹这里:"青天重叠水潆洄,闻到此处别有天。洞里仙人何处去,烟霞风景自年年。"这里僻静清幽,背山傍水,藏风聚气,历来是修道之人的绝佳修炼之地,全真教正是发祥于此。烟霞洞在中国历史上具有重要的地位,是我国道教宗奉的圣地。

岳姑殿,原为麻姑殿,传说为麻姑仙女修炼的地方,位于茂林覆盖的姑余山顶的岩石上,其势如鸾凤展翅欲翔,似乌龙昂首而舞。据记载,姑余山因麻姑而得名,宋朝时在此修建了麻姑殿,祭祀麻姑。后来又修建了规模更大的岳姑殿,祭祀泰山之神东岳大地的女儿岳姑——碧霞元君,其殿院西边巨石东侧还镌刻"泰山支脉"四个字,其山名也改称岳姑顶。岳姑殿现存遗址和碑林凿刻,新修复了麻姑庙、三官殿、财神殿、月老祠等景点。

昆嵛山虽被称为道教名山,也有佛教的文化遗存。无染寺坐落在昆嵛山主峰泰礴顶南麓,始建于东汉桓帝永康年间,建成后几经修葺,殿

宇宏伟壮观，曾是香火盛极一时的胶东第一古刹。如今寺院建筑已经倒塌，仅存旧址。

昆嵛山还是一个绿色植物宝库与天然的野生动物园，这里的森林莽莽苍苍，郁郁葱葱，森林覆盖率达80%以上，森林景观千姿百态，动植物和野生动物种类丰富，有木本植物328种、草本植物600多种、花卉348种、鸟类100余种。

第八节 "海上名山第一":崂山

崂山,古称牢山、劳山、鳌山等,位于山东省青岛市崂山区,耸立在黄海之滨,高大雄伟,是中国的旅游名山。1982年被国务院列为中国名胜景区之一。崂山的主峰名为"巨峰",又称"崂顶",海拔1132.7米,是我国海岸线第一高峰。

"泰山虽云高,不如东海崂",在崂山不仅能感受山之秀美,还能体会水之柔情,领略海之壮阔。在中国的名山之中,唯有崂山是在海边拔地而起的。绕崂山的海岸线长达87公里,沿海有大小岛屿18个,构成了崂山的海上奇观,所以,崂山也被誉为"海上名山第一"。这里山海相连,峰峦叠嶂,奇峰突兀千姿百态,怪石嶙峋山势峥嵘,具有极为奇特的地形地貌与瑰丽景观。绵延数百平方公里的群山熔雄、险、秀、奇、巧、玄于一炉,集山、海、树、泉、瀑、洞于一体,构成了崂山雄伟壮美、幽邃广袤、离奇多变的天然之美。

崂山自古以来就以其奇伟的自然风光吸引着历代游人的目光,古人称这里是"神仙之宅,灵异之府",传说秦始皇、汉武帝都曾来此求仙,历朝历代多有道家方士、佛家僧侣来此修行,这些活动给崂山涂上了一抹神奇的色彩。

在三国时期,魏元帝景元五年(264),崂山最古老的寺院——崇佛寺便已建成。东晋义熙八年(412),到印度等地求经的僧人法显泛海返国,在崂山南岸栲栳岛一带登陆,人们在他登岸之处创建了石佛寺。北魏时法海寺的创建标志着崂山佛教已粗具规模。此后经历代发展,崂山佛教香火日渐旺盛,清顺治九年(1652)落成的华严寺规模宏伟,名声远播,与石佛寺、法海寺并称为崂山佛教三大寺院。

其后,崂山分布佛教和道教两派宗教建筑,而以道教为盛,被称为"道教名山"。崂山道教源远流长,春秋时期已有方士在这里修身养性,汉代张廉夫首开先河在崂山建庵修行,为崂山道教的始祖,后经唐代李玄哲、宋代刘若拙相继修建,崂山成为道教圣地。金元时期,曾在崂山修行的丘处机受成吉思汗召见,"掌管全国道教",崂山道教从此进入鼎盛时期,成为"道教全真第二丛林"。

崂山分布的道观有"九宫、八观、七十二庵"之称,可见道教的影响力。目前崂山还存在的道观有太清宫、上清宫、明霞洞、太平宫、通真宫、华楼宫、蔚竹庵、白云洞、明道观、关帝庙、百福庵、大崂观和太和观,其中以太清宫的规模为最大,历史也最悠久。

崂山"三围大海,背负平川,巨石巍峨,群峰峭拔,真洞天福地一方之胜境也"。(元丘处机《闲吟二十首序》)①其"山海相依水连天,万里银波云如烟"(元赵孟頫《咏劳顶》)的巍峨壮美而又缥缈绮丽的海山景观,更易多发"海市",引人生出无尽的遐想,自古就成为人们对海洋神灵和海中仙人仙岛信仰的寄托所在。但海中神仙信仰毕竟是信仰,即使秦皇汉武也无可求得,因此这种信仰便"回归"到了人间。"海上名山第一"的崂山,于是就成为这样的亦山亦海、亦真亦幻的人间神仙信仰的寄托所在。一方面是世俗人等的接踵登临求访,历代文人于此留下了大量记录;另一方面是道教仙人之祖庭的选定,崂山道教由此衍生。

历代文人的诗文记录,最为人称道的是唐代诗人李白的《寄王屋山人

---

① 丘处机:《闲吟二十首序》,崂山白龙洞石刻。录见《青岛市志67:崂山志》第三章"文物古迹"第九节"刻石"。

孟大融》。李白与杜甫曾共游齐鲁,李白亲登崂山,其诗已成历代吟咏崂山诗中的千古浪漫绝唱:

我昔东海上,劳山餐紫霞。亲见安期公,食枣大如瓜。
中年谒汉主,不惬还归家。朱颜谢春辉,白发见生涯。
所期就金液,飞步登云车。愿随夫子天坛上,闲与仙人扫落花。

李白的仙风道骨,托付于崂山作为东海名山"洞天福地一方之胜境"的景观特性和仙道内涵,以"亲见"仙人安期生食枣如瓜自诩,饮露餐霞,飞步云车,高登天坛,闲扫落花,成了诗人的精神所寄。李白自号"谪仙人"、其墓志铭曰"蓬莱遣真",诗作中诸如"巨鳌莫戴三山去,我欲蓬莱顶上行""始向蓬莱看舞鹤""东来蓬莱复西归"等俯拾皆是。

明末清初著名文人顾炎武,登崂山写下的《劳山歌》,大家风范,一气呵成,同样视崂山为"神人宅""留仙宫":

劳山拔地九千丈,崔嵬势压齐之东。
下视大海出日月,上接元气包鸿蒙。
幽岩秘洞难具状,烟雾合沓来千峰。
华楼独收众山景,一一环立生姿容。
上有巨峰最崒屼,数载榛芥无人踪。
重厓复岭行未极,涧壑窈窕来相通。
天高日入不闻语,悄然众籁如秋冬。
奇花名药绝凡境,世人不识疑天工。
云是老子曾过此,后有济北黄石公。
至今号作神人宅,凭高结构留仙宫。
吾闻东岳泰山为最大,虞帝柴望秦皇封。

其东直走千余里，山形不绝连虚空。
自此一山奠海右，截然世界称域中。
以外岛屿不可计，纷纭出没多鱼龙。
八神祠宇在其内，往往棋置生金铜。
古言齐国之富临淄次即墨，何以满目皆蒿蓬？
捕鱼山之旁，伐木山之中。
犹见山樵与村童，春日会鼓声逢逢。
此山之高过岱宗，或者其让云雨功。
宣气生物理则同，旁薄万古无终穷。
何时结屋依长松，啸歌山椒一老翁。

崂山因三面环海、外有大小岛屿环绕的特殊环境条件，海市蜃楼现象多见。这是崂山被视为神山仙岛、海洋神灵所在的基本原因。明万历《即墨县志·艺文》收录的兵部左侍郎王在晋《游劳山记》，即是对其万历庚申年（1620）于崂山华楼山凌烟崮上所见楼台、人物变幻奇景的"海门蜃气"的记载。明陶允嘉《游劳记》、高出《鹤山观海市记》等文，亦记及于崂山及崂山北麓鹤山见到的海市。清康熙十一年（1672）夏，蒲松龄、唐梦赉等一行八人游览崂山，恰逢海市蜃楼发生。有缘亲睹海市，见孤城、精庐、车马、山丘、围猎等景象的瞬间变幻，蒲松龄写下《劳山观海市作歌》，唐梦赉写下《崂山看海市》，均成为崂山海市名唱。其中蒲氏《歌》曰：

山外水光连天碧，烟涛万顷玻璃色。
直将长袖扪三台，马策欲挝天门开。
方爱澄波净秋练，乍睹孤城悬天半。
堞垸横亘最分明，缥瓦鱼鳞参差见。

万家树色隐精庐，丛枝黑点巢老乌。

高门洞辟斜阳照，晴光历历非模糊。

福属一道往来者，出或乘车入或马。

扉闾忽留一线天，千人骚动谯楼下。

转眼城郭化山丘，猎马百骑皆兜鍪。

小坠腾骧逐两鹿，如闻鸣镝声飂飀。

飘然风动尘埃起，境界全空幻亦止。

人世眼底尽空花，见少怪多勿须尔。

君不见：当年七贵赫如云，炙手热焰何腾熏。

乾隆三十九年（1774），山东巡抚徐绩在崂山华严庵也幸遇发生在东北海中崴山岛周边的海市，徐氏以无祷而海市现，以为受海神赐礼甚厚，著《崂山道中观海市记》，描摹了所见城垣雉堞、庐舍市肆、浮图街庙、烟树林木时近时远凡十数变化的神奇景观。

此外，清代朱孝纯《寄题树峰中丞海市四截》、江用昊《蜃楼海市歌》等诗，也都吟咏了诗人们在崂山一带观览到的海市蜃楼。①

正是崂山如此的海市景观特色，吸引了历代人们的观瞻和对海上仙山世界的"体验"，促进了海洋仙道信仰的历代传播和传承。崂山道教之所以历史悠久，之所以声名远播，缘由在此。

崂山美景数不胜数，人们将崂山之美优中选优，总结出了"崂山十二景"，包括："巨峰旭照""龙潭喷雨""明霞散绮""太清水月""海峤仙墩""那罗佛窟""云洞蟠松""狮岭横云""华楼叠石""九水明漪""岩瀑潮音""蔚竹鸣泉"，其中最具代表性的要数"巨峰旭照""龙潭喷雨"的景致。

巨峰是崂山主峰，位于崂山中部群峰之中，"巨峰旭照"绮丽壮美，

---

① 以上俱见《崂山志·艺文志》。

被列为崂山十二景之冠。登上巨峰，可见东方海天相接之处，朝阳如鲜红的光团从海水之中徐徐上升，海面上呈放射状闪耀着点点金光，巨峰及各山峰的顶部布满片片红光，蔚为壮观，正是"海平、山静、云起、日升、金光、霞彩"之胜景。

"龙潭喷雨"也是崂山胜景。龙潭瀑又名玉龙瀑，位于崂山南麓八水河中游。八水河流至此处跌落于深潭，仿佛玉龙横空，搅起漫天水雾，吐雾喷雨，如雨似雪。若是有日光照耀，可以看到"鳞甲"闪光，似白龙戏水，蔚为奇观。有诗赞曰："凌空乱溅沫，疑是玉龙飞。白挂虹千仞，青山环一围。抛来珠落落，舞处雪霏霏。游客贪清赏，斜阳不忍归。"

如今，崂山风景区为了能够给海内外游客创造更好的旅游环境，改善了各项基础设施，人们可以从不同的旅游线路对这座"海上名山第一"进行不同角度、不同侧面的观赏游览。

第三章　徐福东渡：中日韩两千年来的共同信仰

第一节　秦始皇巡海与徐福东渡

秦始皇统一中国后，在继承春秋战国时期对于海洋疆域初步划分和管理的基础上，采取新的管理模式，在中国历史上第一次形成了统一的海疆。秦始皇数次东巡至海，在一定程度上促进了当时中国沿海疆域管理和认识的加强。与以往不同的是，秦代的海洋疆域主要表现为傍海郡县的设立，这是一种新的海洋疆域管理模式。

先秦以降，神仙学说盛行，燕齐滨海之地成为方士文化的中心，大批方士对海中三神山、仙人仙药一再渲染，因而促动、强化了从春秋战国时期的燕、齐国君到统一大帝国秦皇汉武的海洋神仙信仰。秦皇多次巡海，政治上自然有巩固沿海疆土统治，并进一步扩大势力范围的用意；但也有蓬莱神仙信仰的因素，力求亲眼见到海上神仙们的生活面貌，并求得长生不老的方药。《史记》卷二十八《封禅书》记曰：

> 秦始皇既并天下而帝……即帝位三年，东巡郡县……于是始皇遂东游海上，行礼祠名山大川及八神，求仙人羡门之属……自齐威、宣之时，驺子之徒论著终始五德之运，及秦帝而齐人奏之，故始皇采用之。而宋毋忌、正伯侨、充尚、羡门高，最后皆燕人，为方仙道，形解销化，依于鬼神之事。驺衍以阴阳主运显于诸侯，而燕齐海上之方士传其术不能通，然则怪迂阿谀苟合之徒自此兴，不可胜数也。

《史记》之《秦始皇本纪》载:"二十八年始皇东行……南登琅琊,大乐之,留三月。""作琅琊台,立石刻,颂秦德,明得意。"

对海市蜃楼那云气缭绕、宫室辉煌而又神奇莫测、可望而不可即的变幻景观,在当时科学文化条件和认识水平的局限下,只能解释成神山仙境。这自然更使秦始皇对神仙学说笃信有加,激发了他求取仙药的决心和热情。秦始皇几次亲自到琅琊、芝罘等地巡游,并曾长时间停留,想必亲眼看到过海市蜃楼的奇观。

先秦时代,由于沿海地区的鱼盐之利、舟楫之便,文化生活和经济条件较之内陆地区无疑要好,这越发刺激了王公贵族们的海上游乐意识。像齐景公那样"欲观于转附、朝儛①,遵海而南,放于琅琊"(《孟子·梁惠王下》),"游于海上而乐之,六月不归"(《说苑·正谏》)者,必然不少。由于这一地区特殊的海洋地理环境,尤其是琅琊、芝罘等地常有海市蜃楼出现,更孕育和造就了春秋战国时期方士们"蓬莱仙山"和"长生不老之药"之说的土壤。

琅琊山东临黄海,俯仰万里,海涛变幻,龙跳虎卧,气象恢宏,水木清华,环境绝幽,隔海相望,诸岛屿出没于水中,真乃仙境。当年秦始皇东巡至琅琊,流连忘返。当他登山眺望,澄碧空明,海天一色,波澜起伏,红日跳跃,冉冉升起,宜人景色,平生首见,崇敬太阳之情,油然而生。高筑神台,以祭日出,这应是他修建琅琊台的原因之一。同时,琅琊湾是天然良港,是中国先秦、秦汉时期的五大古港之一,具有湾静水深、不冻不淤的优点,自古就是中国陆上交通与海上交通的枢纽,是与朝鲜半岛、日本列岛交流的吐纳集散之地,更是船舶活动的根据地,在航海交通史上具有重要地位。

古琅琊位于今青岛市所辖的黄岛区,其中心在胶南琅琊镇(夏河

---

① 转附,朝儛皆为山名。朝儛又作朝舞。

城)。琅琊之名初见于史籍,为春秋初期。《管子·戒篇》云:"桓公将东游,南至琅琊。"春秋末年,"(齐)景公出游,问于晏子曰:吾欲观于转附、朝舞,遵海而南,至于琅琊。寡人何修,则夫先王之游。"(《晏子春秋》)《说苑》记齐景公"游于海上而乐之,六月不归"。可见早在春秋时期琅琊已成为齐国东方大邑和主要港口,作为城市,已有2600余年历史。

琅琊也是先秦齐国海军的主要军港。公元前485年,吴国水师越海攻齐,齐国水师出战,吴军败退南方。战国时期,琅琊地位更加重要。苏秦说齐王曰:"齐南有泰山,东有琅琊,西有清河,北有渤海,此所谓四塞之国也。"秦统一六国之后,全国设三十六郡,原齐国之地设为二郡,齐之北部地区为齐郡(郡治临淄),齐南部地区为琅琊郡,郡治即在琅琊。公元前219年,秦始皇初登琅琊时,徙黔首3万户至琅琊台下,加上原有人口,其人口总数当在40万以上,琅琊作为港口城市的规模可想而知。由于琅琊原即为"海王之国"齐国的重要领地,经济发达,物产丰饶,故秦始皇三次巡经琅琊,长期居留。齐方士徐福就是在琅琊数次上书秦始皇,开始其求蓬莱仙人和长生不老草的大规模航海探险活动,并东渡而"止王不来"(《史记·淮南衡山列传》)的。

公元前219年秦始皇东巡首临琅琊,"作琅琊台",并在台上立颂德碑,"颂秦功德"。此即始皇碑,作为琅琊石刻,成了最为珍贵的古迹文物之一。秦始皇碑刻传为李斯手书,共计496字。公元前209年,秦二世胡亥登琅琊台,亦刻碑记于始皇碑旁,即二世碑,共计78字,亦李斯手书。两碑文字俱见于《史记》。

秦始皇之后,汉武帝也多次东巡海上,祠海求仙,《史记》对此也有记载。其中一次"东巡海上,行礼祠八神。齐人之上疏言神怪奇方者以万数,然无验者,乃益发船,令言海中神山者数千人求蓬莱神人"(《史记》卷二十八《封禅书》)。其"至诚"之心可感。

秦始皇巡视天下,三临琅琊,其间两次召见齐人方士徐福,令其东渡泛海求仙,事见《史记·秦始皇本纪》。公元前219年,"齐人徐市(徐福)等上书,言海中有三神山,名曰蓬莱、方丈、瀛洲,仙人居之。请得斋戒,与童男女求之。于是遣徐福发童男女数千人,入海求仙人"。十年之后,即公元前210年,当秦始皇三临琅琊之际,"方士徐市等,入海上求神药,数岁不得,费多,恐谴,乃诈曰:蓬莱药可得,然常为大鲛鱼所苦,故不得至。愿请善射者与俱,见则以连弩射之"。徐福得到秦始皇的允诺,入海求仙,遂不返回。《史记·淮南衡山列传》载:"秦皇帝大说,遣振男女三千人,资之五谷种种百工而行。徐福得平原广泽,止王不来。"后托名东方朔的《十洲记》曰:"八方巨海之中,有祖洲、瀛洲、玄洲、炎洲等十洲,为人迹稀绝之处,上有不死之草、不死之药、不死之仙人之类。"其中,"瀛洲,在东海中,地方四千里……上生神芝仙草,又有玉石,高且千丈。出泉如酒,味甘,名之为玉醴泉,饮之数升辄醉,令人长生。洲上多仙家""祖洲,近在东海之中。地方五百里,去西岸七万里。……始皇……乃使使者徐福,发童男女五百人,率摄楼船等,入海寻祖洲,遂不返"。

正史中,《史记》之后,《三国志》《后汉书》等都有记录;日本的《神皇正统记》《异称日本传》《续风土记》等书也有记叙。《三国志·吴书·吴主传》载:公元230年,孙权"遣将军卫温、诸葛直将甲士万人浮海求夷洲及亶洲。亶洲在海中,长老传言秦始皇帝遣方士徐福将童男童女数千人入海,求蓬莱神山及仙药,止此洲不还。世相承有数万家,其上人民时有至会稽货布,会稽东(治)县人海行,亦有遭风流移至亶洲者。所在绝远,卒不可得至。但得夷洲数千人还"。《后汉书》之《东夷列传》亦载:"会稽海外有东鳀人,分为二十余国。又有夷洲及澶州,传言秦始皇遣方士徐福将童男女数千人入海,求蓬莱神仙不得,徐福畏诛,不敢还,遂止此洲。世世相承,有数万家,人民时至会稽市。会稽东治县人,有入海行遭风,流移至澶洲者。所在绝远,不可往来。"

第二节　徐福其人及其传说的神化

关于徐福其人，《史记》记为"齐人""方士"。公元前219年秦始皇东巡首临琅琊，徐福等上书，请得斋戒，率童男童女数千人，入海求仙药，凡十年之久。至公元前210年秦始皇第三次东巡琅琊，徐福等因入海求仙数岁不得，费多，恐谴，乃诈称求蓬莱药常为大鲛鱼所苦，愿请善射者与之俱往，见则以连弩射之。于是，秦始皇再次派其率童男女三千人及"五谷百工"出海，并亲自护送徐福船队由琅琊启航，循山东半岛北行，在芝罘（今烟台）海面射杀一条巨鱼——鲸鱼，从而"打通了"求得海中仙药的航路。但徐福泛海途中，"得平原广泽，止王不来"。而秦始皇在回京路上病逝，从此结束了这场为时十年的大规模航海求仙活动。

关于徐福的故里籍贯，主要有三种说法，形成了空前热烈的徐福故里之争，至今尚难以确定。一是认为徐福是琅琊人；二是认为其为江苏赣榆人；三是山东黄县，即今龙口人。其中"琅琊说"的主要依据是，以《史记》观之，徐福一生的主要活动在琅琊一带，如公元前219年上书求仙，就是在琅琊进呈秦始皇的；秦始皇批准后，他即以琅琊为基地，进行航海活动；公元前210年，他在琅琊再次见到秦始皇，并一同离开琅琊北上，入海不归。所谓三神山，作为海市蜃楼，在琅琊一带常有出现，故为方士和秦始皇所深信不疑，遂苦求不已；徐福是齐地方士代表和首领，而琅琊是齐方士最集中的地区，与徐福一同上书的还有其他方士；出海人员中亦有众多琅琊方士。与徐福同时的方士首领、被后人尊为神仙的安期生,即是"琅琊阜乡亭人",曾与秦始皇"语三夜"。秦始皇到琅琊次数最多,停留时间最长,除为琅琊风光所吸引外,应该是与三神山及求仙药一事有主要关系。琅琊是当时的重要城市和沿海经济、政治、文化、军事中心,物产丰饶,又有优良港口,故能为徐福船队的航海提供保证。

凡是历史上著名、被后世歌功颂德的人物,往往在后世都被神化,甚至在其生时即被神化。被神化的具体途径虽千差万别,但演进的轨迹大约一致:先是其出名,然后就有了对他的传说,越传越神,越来越增添了其人其事的神奇灵异色彩,接着就越来越"灵验"起来,于是就越来越享受人们的香火庙祀,成为民间信仰甚至朝廷祭祀的神灵。

徐福就是这样一位被后世传说化、神化、信仰化了的历史名人。

第三节 中日韩徐福信仰遗迹

秦皇东巡、徐福东渡，在两千多年的历史长河和民俗传承、传播中，早已成为中国沿海以至内陆、中国国内以至国外共同的文化积淀。在中国整个沿海地带，由北到南，依次可见许多传说与遗迹。

在中国，徐福传说的分布主要在北部沿海一带，即秦始皇数次东来巡海足迹所到的沿渤海、黄海及与之相邻的东海部分滨海和岛屿地区，而其中最为集中的"群区"，由北到南依次有河北省盐山县的"千童城"群区；山东龙口市的徐福镇群区；青岛地区的琅琊台、崂山群区；江苏省连云港市赣榆群区；浙江省慈溪市达蓬山群区等等。

一、河北省盐山县的"千童城"

此地古为饶安县，唐《元和郡县图志》记载："饶安县，本汉千童县，即千童城。秦始皇遣徐福将童男童女千人入海求蓬莱，置此县以居之，故名。"这里相传有徐福募集、培训童男童女和百工巧匠的场所"百匠台"，有汇聚五谷良种和金银珠宝之所，有打造航船之地，有东渡启航之地千童城，有入海之道无棣河，有停泊航船的链船湾，有出发前杀鲸祭海的龙井，并且竟然有秦始皇送别徐福的秦王台……于此史书不载，但作为文化传说却广泛流行，不可忽视。近年来，当地政府不断组织徐福文化纪念和国际交流活动。

二、江苏省连云港市赣榆徐福村

徐福村原名徐阜村，1982年地名普查后认为应是"徐福村"，即改。这里相传为"徐福故里"，且发掘出了"徐福故居"，周围数十公里内还发掘有：夏家沟，据传为"下驾沟"，是秦始皇东巡经此下驾驻跸处；大、小王坊村，据说是徐福受皇命造船处，是"皇（王）家造船作坊"；吴公村，相传原为"圬工"（捻船工）村；造船与启航地，在一处古河道地下海沙中，发现有两处已经炭化的木堆。另外，在赣榆区东海中有秦山岛，志载"旧传秦始皇登此求仙，勒石而去"；岛上有棋子湾，传说当年徐福曾陪同秦始皇于此对弈等等。赣榆较早就成立了徐福研究会，后改为连云港徐福研究会；1987年，他们发起召开了全国首届徐福学术讨论会，并倡导发起成立了中国徐福会（1992年），举行了大量的徐福文化研究和中外交流活动。

三、浙江省慈溪市达蓬山

明天启《慈溪志》记载："秦始皇登此山，谓可以达蓬莱而东眺沧海，方士徐福之徒，所谓跨溟蒙、泛烟涛，求仙采药而不返者也。"达蓬山上有"秦渡庵"遗址；有摩崖石刻，画面有海水波涛、航行船只、异兽、人物等；有传为徐福出海前舂谷碾米的18爿磨坊；有传为徐福船队出海东渡的凤浦湖等。慈溪市成立有徐福研究会，承办过日本东京歌剧协会与中国歌剧舞剧院合作的歌剧《蓬莱之国——徐福传说》的演出，策划编拍有20集电视连续剧《徐福东渡传奇》，可见当地对徐福文化的重视程度。

四、河北省秦皇岛等地

主要是有关秦始皇巡海与该"岛"之所以命名为"秦皇岛"的民间传承。

五、山东半岛沿海地区

就历史真实情况而言,秦始皇四次东巡,其主要的和中心的巡游地带是山东沿海。《史记》等所有的史书都记徐福为齐人,徐福上书秦始皇、秦始皇召见徐福的地点都在山东沿海的琅琊台,因而徐福东渡这一重大历史事件的发生地,徐福文化这一重要民俗文化现象的导源地,是在山东半岛。关于徐福历史和徐福民俗传承的中心地带和主要遗迹"物证",也以山东半岛沿海地区最为集中。在山东半岛沿海,从北到东,从东到南,构成了三千公里海岸线上的一个中心群落、两个次中心群落和数个外围点落的徐福历史遗迹与传说景群。

1. 中心群落:今青岛地区(原琅琊地区)

在今青岛地区,包括黄岛区琅琊台一带、崂山一带,有大量集中的秦始皇巡海与徐福东渡的资源遗存。为此,黄岛区(青岛经济技术开发区)都成立有徐福研究会。

琅琊台。在黄岛区西南 26 公里的琅琊镇,秦始皇置琅琊郡,并三次亲临,曾驻跸三月,徙民三万户于此,建琅琊台,由丞相李斯题写"颂诗",石刻现存中国国家博物馆。徐福每次拜见并上书秦始皇,《史记》明记就在琅琊台。现为重点文物保护单位。近年来,黄岛区拨款整修琅琊台,已建成秦始皇遣徐福入海求仙群雕、琅琊刻石、徐福殿、徐福东渡启航处、御路、云梯石级以及越王望越楼等。

斋堂岛。琅琊台前海中,有斋堂岛,民间相传为始皇登山、从臣斋戒之地。

沐官岛。与斋堂岛相邻,传秦始皇从官斋沐于此。

徐山。琅琊台东邻海岸,不远处有徐山,《太平寰宇记》引西晋伏琛《三齐记》云:"徐山,始皇令术士徐福入海求不死药于蓬莱方丈山,而徐福将童男女二千人于此山集会而去，因曰徐山。"这里还有传说中的徐福炼丹处"徐山石屋"。齐长城东端遗址也在此。

徐福岛。在青岛市区崂山近海，传说徐福曾住此岛。

登瀛村。在青岛市区崂山沿海，相传徐福于此集合数千童男童女登船入海。

徐福村。在青岛市辖平度市，现已经成为旅游部门开辟的旅游景点之一。

青岛地区如此多的与秦皇东巡、徐福东渡相关的历史与传说紧密扣合的遗迹资源，构成了中国沿海最大最集中的景观群落。

2. 次中心群落：今龙口（黄县）

山东半岛北端龙口，原为秦代齐郡黄县，有徐福镇，原名徐乡。徐乡，清王先谦《汉书补注》引元于钦《齐乘》云："盖以徐福求仙为名。"传说当年徐福曾在此进行求仙活动。有学者据《史记》所记秦始皇东巡屡经黄垂（即黄县地区，今龙口），黄垂属齐地，徐福为齐人，黄垂在汉代有徐乡之名，元人《齐乘》云徐乡"盖以徐福求仙为名"等，判断徐福故里是徐乡即黄县（今龙口）。龙口市因此将"乡城镇"改名为"徐福镇"。据传徐福船队的出海口就是现在的黄河营港。龙口市1989年成立徐福研究会，并发起成立山东省徐福研究会、中国国际徐福文化交流协会，经常举办较大规模的国际徐福文化活动，编辑出版书籍、刊物多种，并于1999年开始举办"徐福故里文化节"，进行与韩国、日本相关城市之间的交流合作。

3. 次中心群落：荣成

在荣成，著名的遗迹景观以秦始皇东巡为主，关于徐福的：一是龙须岛成山头（"天尽头"）的秦皇宫遗址；二是秦东门遗址——传说为徐福求仙处，秦始皇在此为徐福送行，秦丞相李斯手书"天尽头"三字，刻石碑于南峰，现残碑尚在；三是秦桥遗迹——传说神助秦始皇造石桥渡海，以抵达海中神山采得长生不老药，惜始皇太为急切，得罪了海神，因此桥崩，今仅遗数块基石。相关传说历史久远，相关民俗信仰普遍，这里因此成为十分火爆的旅游景点。另外，据当地学者考察，荣成石岛也有徐福启航处的传说。

4. 几处散落景观

烟台市的芝罘岛——"芝罘"即"之罘"，《史记》载秦始皇自琅琊北上，至芝罘，射大鱼；养马岛——传说这里曾是秦始皇东巡到此养马的海岛，其邻山为"系马山"；日照市的三桂山——相传系始皇东游时命名；滨州地区无棣县与河北千童城遗迹相关联的徐福东渡传说——解说无棣女子为何大多漂亮，原因是徐福东渡所选童男童女，多为美女俊郎，其中有不少童女未能出海，流落在无棣，因而至今无棣女子多漂亮，此乃遗传所致；如此等等，不一而足。

《史记》中明载徐福东渡后"得平原广泽，止王不来"，不仅后人猜测徐福抵达的是日本，路过的是朝鲜半岛南部，而且日本、韩国也多有其"历史遗迹"，并多有传说，很多日本人甚至把自己的家族视为徐福的后代。

六、朝鲜半岛–济州岛、日本列岛

在日本的遗迹主要有：

（1）爱知县名古屋市热田区的热田神宫，原称蓬莱仙山。日本旧时传说，此"热田"和"富士""熊野"，被称为日本的"蓬莱三山"。

（2）三重县熊野市，丸山下的矢贺海岸，传为徐福登陆地。山上有徐福墓；墓旁有木制小屋，供徐福石像，为徐福宫；山下有少林寺，内有古钟，铭文有"秦栖"字样，意即"秦人居住之地"，后改为波田须；波田须町有波田须神社，奉祀徐福；波田须人至今仍视自己为徐福子孙，每年十一月五日举行"氏神祭典"；在木本町，成华山上有"文字岩"，上刻汉字草书："警去徐仙子，深入前秦云，借问超逸趣，千古谁似君。梅花仙子题。"云所言为徐福。

（3）山梨县富士山东北麓的吉田市，传说徐福在登富士山途中仙逝，富士山谐音"不死山"，徐福化为鹤，当地人建造了"鹤冢"，以怀念徐福。吉田市东，有徐福祠；河口湖町，也有徐福祠，徐福被祀为纺织之神；有长池村，即长命村，据称有徐福后裔。

（4）在秋田县男鹿市的本山（赤神山），相传有徐福墓。

（5）在青森县北津轻郡的小泊村，有尾崎神社，据传有徐福像。《东日流外三郡志》云："尾崎神社镇座于山顶，据传祭祠中国的老子、孔子、孟子、徐福等，今只存徐福"；"元历元年（1184）十一月建社殿，称尾崎神社，祀鹿岛大明神、八幡大神，更祀祖神徐福至今"；神社内供有"金铜制徐福等神像十六尊"。

（6）京都府谢郡伊根町，有新井崎神社，供徐福及童男、童女木像。在八丈岛和青岛，传说徐福船队有一部抵达熊野，但有五百童女漂流至八丈岛，有一些童男漂流至青岛，因此人们称前者为"女护岛"，后者为"男岛"。传说由此过去八丈岛的女人多、男人少。

（7）宫崎县延冈市，有徐福岩，传说是徐福在此登陆时的系船石。

在韩国，以其西南和南部沿海"遗迹"和传说为多。济州岛有"西归浦"，据传徐福求仙在此住过，后由此港浦西归回国；济州岛上有正房瀑布，崖壁有刻字，据辨认即"徐福过此"，今已模糊。整个济州岛，韩国历史上相传就是"瀛洲"；岛上的汉拿山，就是"瀛洲山"，等等。韩国的南海郡，也有相似的遗迹和不少传说。

在日本，徐福研究会早已遍地开花，有"日本徐福会""日本东京徐福研究会""佐贺县徐福研究会""富士吉田市徐福会""新宫市徐福研究会""京都伊根町和大阪明日叶徐福会"等。在韩国，西归浦市也成立有徐福国际交流协会，连续举办"徐福国际学术大会"等，与中国的龙口市举办合作、交流活动较多。

第四章　海神妈祖：地方·国家·天下崇拜

在中国海洋信仰崇拜文化系统中，妈祖信俗是从历史到今天、从国家到民间、从海内到海外的华人世界中最为普遍的一种。2009 年，妈祖信俗被联合国教科文组织列入《人类非物质文化遗产名录》，成为中国首个信俗类世界文化遗产项目。

妈祖（天后）信俗，是中华民族基于原始海洋神灵信仰的"人格化"海神信仰民俗，自宋代产生和传承于沿海民间，并自宋代开始上升为国家封祀的"国家级"女神（国家封号从宋代的"夫人""妃"，元明两代的"天妃""圣妃"，清代的"天上圣母"直到"天后"）信俗。它是不仅广泛传承于我国南北沿海，而且传承于我国南北内陆；不仅广泛传承于国内，而且广泛传承于国外的重要海洋神灵信俗。

第一节　妈祖信仰的兴起

妈祖，原型为福建莆田湄洲岛的一名女子，据传姓林名默，生于宋建隆元年（960）农历三月二十三日（有多种说法），卒于宋雍熙四年（987）农历九月初九日，年28岁。关于她的事迹，多有记载传说。据《闽书》记载，林默生时能乘席渡海，人呼"龙女"。她的水性很好，常常救助海上遇难的渔民，不幸在28岁时因救人溺海而亡。另有传说，林默自幼失语，故名为默，当地人呼"默娘"，后来聪慧过人，8岁从塾师读书，10岁诵经礼佛，13岁修道练法。一次她与邻里姑娘们窥井照镜，忽见一神仙捧符箓从井而上，授予林默，姑娘们惊散，而林默从容受符箓，从此学会通灵变化，法力日渐神通。湄洲岛民皆以捕鱼和航海经商为生，海上多有风浪险阻，海难时常发生。林默谙熟水性且又有法力，常出没波涛，拯救遇险渔夫船工商贾。16岁的一天，她在宅邸纺纱织布，忽然晕倒。母亲非常诧异，摇醒女儿追问原委。林默苏醒后痛哭不已，说是父兄渡海舟覆，兄长已遇难身亡，父亲尚奄奄一息，也危在顷刻。说着，她不顾海上风狂浪凶，一往无前地泅往父兄遇难海域，救起父亲，找到了兄长的尸体。岛上乡亲父老无不赞叹林默姑娘的孝顺、善良与勇敢。遭遇父兄遇难事件后，林默更视拯救海难为己任，她学会了变草为杉木的法术，每逢渔夫船工或商贾在海上遇险，她就赶紧拔草抛海，普济生灵。宋雍熙四年（987）重阳节，林默早起焚香诵经，依依不舍地向家人告别后，登上湄山峰顶。此时，忽然间祥云四合，鸥集于舟，鱼戏于水，穹宇间仿佛有阵阵丝竹管弦乐声，悠悠传至海山，林默乘长风，驾祥云，羽化飞升于苍茫海天之际。自此，渔夫船工或商贾经常可以看到林默姑娘着红衣翱翔在海天，护佑着航海人，或示兆梦，或示神灯，或亲临挽救，渔舟商船获庇无数。人们感其功德，尊呼"娘妈"，后在湄峰林默升天处，建起祠庙"灵女庙"，奉她为造福于民的保护神，敬拜为"妈祖"，世代虔诚奉祀，庇护航海安全。此乃中国第一座妈祖庙。

据统计，现今依然保存的妈祖庙宇，世界各地有2500多座（也有人说4000多座），信众约有2亿人之多。

第二节 宋元明清历代皇帝的敕封

从妈祖逝世到宋宣和五年（1123）之前的近一个半世纪中，人们对妈祖的信仰和崇拜还仅局限于福建地区，妈祖也不是独一无二的海神。后来妈祖逐渐在沿海其他地区传播开来，与历代帝王和朝廷对妈祖的肯定、加封和提倡是分不开的。妈祖由地方神祇很快传播、普及为以环中国海为中心的海内外华人圈普遍信奉的至高无上的航海保护神、生活保护神，无疑基于人们对妈祖林默生前乐善好施、济世救人的崇高品格和她拯救海难远近闻名的恩德功绩的追思和敬仰，但起到强大的推动和提升作用的，是宋、元、明、清历代王朝的朝廷赐封和官方祭祀。

宋代之后，海洋开发利用活动越来越广泛，国家对海洋越来越倚重。由于民间对这位海洋女神信奉愈盛，妈祖自宋代即为朝廷所重，屡次被皇帝敕封。大凡海外属国属地的政治联系、海上贸易、海上航运、海塘工程、海防军事、海疆收复，无不归功于妈祖之"神佑"，特大事件如元代国家航海大漕运，明代郑和下西洋，清代收复台湾，妈祖更是"居功甚伟"。根据史籍记载和学者考证，宋、元、明、清四个朝代都对妈祖屡屡褒封，封号从"夫人""天妃"到"天上圣母""天后"，神格越来越高，并列入国家祀典。据统计，宋、元、明、清四个朝代对妈祖的褒封共计有36次（一说37次）。

一、宋朝皇帝的敕封

妈祖之所以成为朝廷敕封的"国家级"海洋女神,影响如此普遍和久远,来源于宋徽宗宣和五年(1123)一位名路允迪的使臣出使高丽,使团在海中航路上历险,多船倾覆,独路允迪之船脱险,他相信系因民间所信仰的妈祖海神娘娘显灵护佑所致,因而上奏朝廷请封。随路氏赴高丽的属官徐兢同船幸免于难,于宣和六年(1124)撰成《宣和奉使高丽图经》三十卷,对此次出使高丽作了十分详细的记载:"宣和四年壬寅春三月,诏遣给事中路允迪、中书舍人傅墨卿,充国信使副,往高丽。秋九月,以国王俣薨,被旨兼祭奠吊慰而行。遵元丰故事也。五年癸卯春二月十八日壬寅,促装治舟;二十四日戊申,诏赴睿谟殿,宣示礼物。三月十一日甲子,赴同文馆听诫谕;十三日丙寅,皇帝御崇政殿,临轩亲遣传旨宣谕;十四日丁卯,锡宴于永宁寺;是日解舟出汴。夏五月三日乙卯,舟次四明……二十四日丙子,八舟鸣金鼓、张旗帜,以次解发……"但不幸的是海上不利,宋嘉定十年(1217)进士李俊甫《莆阳比事》卷七"神女护使"条所记:"宣和五年,路允迪使高丽,中流震风,八舟溺七,独路所乘,神降于樯,安流以济。赐还奏闻,特赐庙号顺济。"

宋廖鹏飞《圣墩祖庙重建顺济庙》有同样的记载:路允迪所乘使船因祈祷妈祖,受神佑得以脱险,相信系因民间所信仰的海神妈祖显灵护佑所致,因而上奏朝廷请封,"特赐庙号顺济"。

历代王朝对妈祖的重视和赐封,即始于北宋宣和五年(1123)。由此,妈祖开始成为国家重视的海上保护神,并逐渐成为国家祭祀的神灵。既升格为"国家级"的海神,其影响远播和被民间普遍信奉,也就是自然而然的了。

北宋政权建立之后,即推行"招诱奖进"的贸易鼓励政策,令人专门制定了对招诱海外商人有功的官员、商人等给予奖励,对海外商人的船舶、货物商品给予多方优惠的政策法规，如对商人、官员予以补官、迁转等。这就如同今天的所谓"对外开放""招商引资"和对外商、外企实行优惠政策，并且鼓励政府官员以此为考核官员政绩的一个尺码，鼓励招商引商施以奖励措施一样。这无疑一方面吸引了海外商人和促进了海外贸易，另一方面也鼓励、刺激了国内航海贸易的发展繁盛。因此，南北方的航海运输贸易及海神妈祖信仰的传播，自然也就发展兴盛起来。

对海洋、海商、海内外贸易的巨大作用，宋代朝廷有充分的认识，并制定出鼓励政策，这可以从宋神宗对发运使薛向的一番话集中体现出来："东南利国之大，舶商亦居其一焉。昔钱、刘窃据浙、广，内足自富、外足抗中国者，亦由笼海商得术也。卿宜创法讲求，不惟岁获厚利，兼使外蕃辐辏中国，亦壮观一事也。"①要求臣下"创法讲求"，以期"岁获厚利"，兼以招抚、怀柔天下，乃一举两得。宋高宗则更是强调市舶贸易的收入，说："市舶之利最厚，若措置合宜，所得动以百万计。岂不胜于取之于民，朕所以留意于此。"要户部直接向他报告收支情况②。南宋朝廷偏安东南一隅之时，税收范围缩小，财政困难加剧，因而对海上贸易更为倚重，有"经费困乏，一切倚办海舶"之谓。③

时至南宋，朝廷偏安江南，为增加国库收入，海上贸易和海运业更是得到提倡，获得大力发展，海神妈祖愈加受到国家的重视。绍兴二十六年（1156），妈祖因传屡次显灵救护舟师获封"灵惠夫人"，这是官方给予民间女子林默的第一个封号。后随着妈祖的职能不断扩大，朝廷的褒封也接踵而来。南宋时期，妈祖先后得到朝廷的十几次褒封，其中绍熙元年（1190），妈祖的封号由"夫人"而被升格，封为"灵惠妃"。"妃"，为宋代女性神明封号的最高爵位。

① 《续资治通鉴长编纪事本末》卷六六《三司条例司》熙宁二年九月壬午。
② 徐松辑：《宋会要辑稿·职官四四之二十》。
③ 顾炎武：《天下郡国利病书》卷一二〇。

表2　宋代显圣传说及对妈祖的褒封①

年号	灵异功德传说	封号
宣和五年（1123）	保护路允迪出使之封舟	赐庙额"顺济"
绍兴二十六年（1156）	救护舟师	灵惠夫人
绍兴三十年（1160）	神雾迷海寇	灵惠昭应夫人
乾道二年（1166）	救兴化白湖疫	灵惠昭应崇福夫人
淳熙十一年（1184）	剿寇	灵惠昭应崇福善利夫人
绍熙元年（1190）	救旱	灵惠妃
庆元四年（1198）	救潦	灵惠助顺妃
开禧元年（1205）	退敌	灵惠助顺显卫妃
嘉定元年（1208）	救旱、助擒贼	灵惠护国助顺嘉应英烈妃
嘉定十年（1217）	救旱、获海寇	灵惠助顺显卫英烈妃
宝祐元年（1253）	济兴、泉饥	灵惠护国助顺协正嘉应英烈妃
宝祐三年（1255）	神佑	灵惠护国助顺协正嘉应慈济妃
宝祐四年（1256）	助修钱塘堤成	灵惠护国助顺协正嘉应善庆妃
开庆元年（1259）	火烧强寇	灵惠护国助顺协正嘉应显济妃

在宋代，对妈祖共有 14 次褒封（见表2），其中有 7 次是出于妈祖助舟师、平海寇等传说，其余的也都是关于治疫、防风、救旱等与民众利益休戚相关的圣迹传说。有了合法的名分，妈祖在官方或是民间的影响力进一步提高就具备了必要的条件。

二、元朝皇帝的敕封

到了元代，国家鼓励海外贸易，并实行大航海大海运政策，海上活

---

① 本表及以下元明清时期褒封各表，常见转用，主要依据明末清初僧照乘《天妃显圣录》、吴玉贤《海神妈祖》、周煌《琉球国志略》、王必昌《重修台湾县志》、《清朝通典》等。

动的频繁，使妈祖信仰又得到进一步发展。元王朝定都燕京（今北京），官民粮食仰赖江南供给，但因运河淤塞，南粮北调主要依靠海上漕运的安全，所以朝廷十分重视妈祖神明的庇护。至元十五年（1278）八月，元世祖忽必烈"制封泉州神女号护国明著灵惠协正善庆显济天妃"。这次褒封是由皇帝亲封，妈祖由宋代的"妃"进一步升格为"天妃"，可见妈祖信仰在民间和官方的地位何等重要。

元代漕粮海运的兴起与发展、元代上述海运航线的开通，以及当时造船业和航海技术的进步，都使得妈祖信仰在惊涛骇浪的颠簸中被其信徒们由东南循海运航线北上传播，扩大了影响，且凡海漕经过的沿海省份，无不建有妈祖庙。"元用海运，故其祀为重"，从表3中可以看出，元代皇帝对妈祖的5次（一说6次）褒封全部与漕运护航避险有关。对妈祖的封号中，最长的可达22个字。妈祖之封号，由"妃"到"天妃"，是由凡间之神提升为上天的尊神，统辖四海，妈祖作为最高神格的海神的地位确立下来。元文宗天历二年（1329），朝廷下诏滨海州郡督建天妃宫，每年春秋还派员自北而南前往各宫庙祭祀，可见元代官方对妈祖护佑漕运是何等的重视，对推动妈祖信仰自然是大有帮助。

表3　元代显圣传说及对妈祖的褒封

年号	灵异功德传说	封号
至元十五年（1278）	庇护海漕	护国明著灵惠协正善庆显济天妃
至元十八年（1281）	庇护海漕	护国明著天妃
至元二十六年（1289）	海运藉佑	护国显佑明著天妃
大德三年（1299）	漕运效灵	护国辅圣庇民显佑明著天妃
延祐元年（1314）	漕运、漕风得助	护国辅圣庇民显佑广济明著天妃
天历二年（1329）	怒涛拯溺	护国辅圣庇民显佑广济灵感助顺福惠徽烈明著天妃

三、明朝皇帝的敕封

明时海运虽不如元时之盛,且屡有废兴,但这时海运之利,已为知者所公认。终明之世,海运仍为漕运的重要部分,对国家的贡献很大。

明代朝廷继续崇奉妈祖,主要是出于海外出使与对外交往。明王朝为了抚夷朝贡,官方派遣使船出国十分频繁,并将使船的顺利来往归功于妈祖的庇佑。明代以郑和和王景弘七次下西洋为代表的频繁外交活动开拓了中国航海事业的新领域,在明代大多数文献中,天妃显迹尤见于郑和的传说。郑和船队在七下西洋中之所以能够"我之云帆高涨,昼夜星驰",出使30余国,并开辟了直达非洲的新航线,除了与当时中国造船业的实力雄厚和造船技术先进,能够为其提供保障船队安全驶航的船舶,以及船队拥有世界先进的天文航海术和以指南针测定针路的地文航海术等这些物质条件关系重大之外,还不容忽视的就是精神力量的支撑。在郑和每次出海前后,祭拜天妃成了一项必不可少的重要活动,且在造船厂、在南京港、在太仓刘家港、在长乐南山等地都建有天妃宫,为的就是能让出洋的舟师官兵祭拜天妃,得到庇佑。郑和七次下西洋,都载着妈祖神像随行护佑,并有遇险受到妈祖庇佑的记载,妈祖信仰也随着郑和的行迹,远传至东南亚各国。明代皇帝对妈祖的褒封有2次(见表4),与出使有关的御祭就达14次之多,这些都进一步扩大了妈祖的影响力和传播范围。

明代皇帝对妈祖的褒封次数不多,但妈祖在官方和民间的影响却越来越大,地位越来越高,特别是永乐及其之后。

表4 明代显圣传说及对妈祖的褒封

年号	灵异功德传说	封号
洪武五年(1372)	神功显灵	昭孝纯正孚济感应圣妃
永乐七年(1409)	屡有护助大功	护国庇民妙灵昭应弘仁普济天妃

全盛时期，黄、渤海沿岸的海口与内河相继出现了大大小小许多座妈祖庙，这其中多数与显应宫有宗主关系，因此庙岛显应宫成为当时我国北方沿海地区的妈祖信仰与妈祖文化的传播中心，其影响不仅遍布黄、渤海沿岸的海口与内河，而且远播于朝鲜和日本等地。据撰于明初的《朝天录》和撰于明末的《燕行录》等高丽、朝鲜史料记载：当时往返中国的使臣，海行必至沙门岛候风，驻泊最长时达数月之久。"使多赍国书，诣庙祀海神"以祈祷平安。朝鲜使臣在祈求妈祖保佑的同时，也在显应宫"分灵""乞火"。从明洪武到崇祯年间，共有 20 多位高丽、朝鲜使臣在显应宫写下了 30 多首诗篇。明洪武年间（1368—1398），高丽国从使画工绘制沿海岛屿图，详细地描绘了当时沙门岛（庙岛）的山川形势和海神娘娘庙的盛况，成为迄今见到的第一幅关于庙岛历史的实景图。也就是从这个时候起，海神娘娘庙岛（后世简称为"庙岛"）的名字，渐渐取代了沙门岛的古称，沙门海岛也由此演变成了今天的庙岛群岛。至明崇祯元年（1628），朝廷诏立官庙，由山东左都督杨国栋奉旨对娘娘庙进行了大规模的扩建，建成祭典官庙，崇祯皇帝御赐庙额"显应宫"，至此，庙岛显应宫的声名与规模达到了鼎盛。

四、清朝皇帝的敕封

清初虽因东南沿海存在抗清力量，政府实行严厉的"海禁"政策，航运业受到阻滞，但为统一台湾进行了大规模的横渡海峡的征战，航海事业仍然占有突出的地位。妈祖是航海者的精神支柱，因此从朝廷到百姓，特别是渔民们对妈祖的信仰愈加笃诚就顺理成章了。同时，清代又屡屡出使册封琉球，与元、明相比，清廷更借重天妃威灵征战海疆、收复台湾，为妈祖平添了浓厚的军事色彩。清代对妈祖的褒封共 15 次（见表 5），其中多次与军事活动有关。并且从康熙五十九年（1720）起，妈祖和孔子、关羽的祭祀并列为清朝各地最高祭典，每次祭典由官吏亲自主持，春秋二祭，行三跪九叩大礼。

表5 清代显圣传说及对妈祖的褒封

年号	灵异功德传说	封号
康熙十九年（1680）	助克厦门	护国庇民妙灵昭应弘仁普济天上圣母
康熙二十三年（1684）	征澎湖得捷，平定台湾	护国庇民妙灵昭应仁慈天后
乾隆二年（1737）	神佑	护国庇民妙灵昭应弘仁普济福佑群生天后
乾隆二十二年（1757）		护国庇民妙灵昭应弘仁普济福佑群生诚感咸孚天后
乾隆五十三年（1788）	神火引航	护国庇民妙灵昭应弘仁普济福佑群生诚感咸孚显神赞顺天后
嘉庆五年（1800）	神佑	护国庇民妙灵昭应弘仁普济福佑群生诚感咸孚显神赞顺垂慈笃佑天后
道光六年（1826）	庇护海漕	护国庇民妙灵昭应弘仁普济福佑群生诚感咸孚显神赞顺垂慈笃佑安澜利运天后
道光十九年（1839）		护国庇民妙灵昭应弘仁普济福佑群生诚感咸孚显神赞顺垂慈笃佑安澜利运泽覃海宇天后
道光二十八年（1848）	庇佑漕运	护国庇民妙灵昭应弘仁普济福佑群生诚感咸孚显神赞顺垂慈笃佑安澜利运泽覃海宇恬波宣惠天后
咸丰二年（1852）	庇护海漕	护国庇民妙灵昭应弘仁普济福佑群生诚感咸孚显神赞顺垂慈笃佑安澜利运泽覃海宇恬波宣惠导流衍庆天后
咸丰三年（1853）	福建解饷台、澎得神默佑	护国庇民妙灵昭应弘仁普济福佑群生诚感咸孚显神赞顺垂慈笃佑安澜利运泽覃海宇恬波宣惠导流衍庆靖洋锡祉天后
咸丰五年（1855）（八月）	海口击退盗艇	护国庇民妙灵昭应弘仁普济福佑群生诚感咸孚显神赞顺垂慈笃佑安澜利运泽覃海宇恬波宣惠导流衍庆靖洋锡祉恩周德溥天后

（续表）

年号	灵异功德传说	封号
咸丰五年（1855）（十二月）	庇佑漕运	护国庇民妙灵昭应弘仁普济福佑群生诚感咸孚显神赞顺垂慈笃佑安澜利运泽覃海宇恬波宣惠导流衍庆靖洋锡祉恩周德溥卫漕保泰天后
咸丰七年（1857）		护国庇民妙灵昭应弘仁普济福佑群生诚感咸孚显神赞顺垂慈笃佑安澜利运泽覃海宇恬波宣惠导流衍庆靖洋锡祉恩周德溥卫漕保泰振武绥疆天后之神
同治十一年（1872）	庇佑漕运	要再加封时，"经礼部核议，以为封号字号过多，转不足以昭郑重，只加上'嘉佑'二字"

清代妈祖显灵传说有15次，清王朝对妈祖的褒封也达15次之多。尤其是康熙十九年（1680），妈祖被封为"天上圣母"，康熙二十三年（1684）又被封为"天后"，从而把妈祖的神格升到了极限。自此之后，各地的妈祖宫庙多以"天后宫"命名。①

在清代，妈祖作为至高无上的海上保护神的神佑传说十分盛行，其中有多次与台湾有关，以下列举一二。

明末清初，郑氏以台湾为基地，致力反清复明。清军为统一台湾，横渡海峡，得到了妈祖的灵威护佑。康熙十九年（1680），水师提督上奏，谓夜梦神妃佐风，于是开洋进兵，最后迫使郑军弃厦守台，攻占了厦门岛。朝廷闻奏后，即为妈祖褒封，封为"天上圣母"。

康熙二十二年（1683），施琅率水军进攻台湾，先攻克澎湖。时盛传士兵舟中仿佛看见神妃，于是官兵奋勇前进，澎湖得以收复。传说在攻克澎湖当天，施琅入天妃宫，见到天妃衣袍湿透，其左右神将两手起泡，后报澎湖得捷，施琅方知此战是得到神明默佑。在收复台湾过程中，又传营

---

① 以上征引多家成说，特此致谢。

千总刘春夜梦天妃告之曰:"二十一日必克澎湖,七月可得台湾。"结果台、澎都得以及时攻克。台、澎收复得受天妃神佑的消息奏报朝廷,康熙帝后颁诏,赐封妈祖为"天后"。

妈祖信仰在清政府统一台、澎中起了很大作用,其传说故事至今仍在台湾地区流传,说明海峡两岸的统一是深得民心(包括台湾民心)的。

随着妈祖信仰崇拜日盛,其海神的职能也不断扩展,已经成为人们心目中无所不管(管航海安全、管渔业丰歉、管男女婚配、管生儿育女、管祛病消灾等等)的神祇,其影响远远胜过其他海神。

第三节　天下祠祀：妈祖信仰在东亚地区的传播

妈祖由一位区域性的民间海神，因国家、社会海洋政治、经济、文化等多方面的长期发展、繁荣，逐渐由福建莆田向福建各地、全国沿海各省和全世界尤其是东亚、东南亚各地区拓展，终于成为一千年来对国家、对社会、对海外影响最大的一位海洋神祇。可以说，在我国古代无数的地方性神祇中，很少能有与妈祖影响的广泛和持久相比拟的。①

一、妈祖信仰在大陆南部沿海的传播

北宋妈祖信仰刚刚产生之时，仅在莆田境内传播。"莆人户祠之，若乡若里悉有祠。所谓湄洲、圣堆、白湖、江口，特其大者尔。"②

南宋是妈祖信仰由莆田走向全国的过渡时期。庆元二年（1196），泉州妈祖庙即今天妃宫建成。泉州天妃宫的建立在妈祖传播史上有着深远的意义，预示着妈祖信仰的传播在闽南一带即将出现一个新局面。③正如丁伯桂《顺济圣妃庙记》所说："神之祠不独盛于莆，闽、广、浙、淮甸皆祠也。"

---

① 方宝璋、方宝川：《中华文化通志·闽台文化志》，上海人民出版社，1998年，第539~540页。
② 转引自《浙江通志》卷二百一十七《祠祀一》之丁伯桂《顺济圣妃庙记》。
③ 朱天顺：《妈祖信仰的起源及其在宋代的传播》，《厦门大学学报》1986年第2期。

元代政权出于保护漕运的经济需要，首封天妃，在全国范围内掀起妈祖信仰传播的第二次高峰。这一时期从南到北的沿海各省区包括辽宁、河北、天津、山东、江苏、浙江、福建、台湾、广东及港澳地区等，都建有不少天妃庙（或称妈祖庙、天后宫、娘娘庙等）。

自宋代至清代，全国沿海各地港口地区、各岛屿地区、江河水网和运河商路所及地区，海外华人地区，几乎处处都有妈祖庙。其中建于明清两代的遗存较多，建于明代的多称"天妃宫"，建于清代的多称"天后宫"。民间则南方多称为"妈祖庙"，北方多称为"娘娘庙"。

莆田地区：是妈祖信仰的发源地。莆田的妈祖庙数以百计，湄洲岛上有近20座。其中湄洲妈祖祖庙是最早的妈祖庙，据文献记载，宋雍熙四年（987），妈祖升天后，人们怀念她、纪念她，就在湄洲岛建庙祭祀。当时的庙宇仅"落落数椽"，但香火很旺。后来，经过历代受妈祖庇佑的人们和朝廷的不断扩建，到清乾隆年间，祖庙已颇具规模，成为一组有99间斋房、号称"海上龙宫"的雄伟建筑群。可惜的是，这些建筑及文物大都已在"文革"中被毁。1987年后，祖庙得以重建，整个建筑气势恢宏、庄严肃穆、举世无双。

福建沿海地区和山区。沿海地区：福州、厦门、泉州、长乐、平潭、福清、晋江、惠安、漳浦、东山、宁德、罗源、霞浦等沿海地区有五六十座。山区：仙游县有十多座，永定区、上杭县、浦城县、安溪县、邵武等山区都有妈祖庙。其中，泉州天后宫是中国首个被列为全国重点文物保护单位的妈祖庙，始建于宋庆元二年（1196），是现存妈祖庙中规模较大、年代较久远的一座，建置于宫内的闽台关系史博物馆收藏有大量的珍贵历史文物和民俗文物。泉州天后宫对妈祖信仰在海外的发展与传播具有重要的意义。历史上，妈祖信仰由于泉州民众的不断向外移民和贸易活动而远播海峡两岸暨香港、澳门各地，因此，泉州天后宫至今在广大海外仍享有较高的声誉，许多海外同胞都称其为"温陵圣庙"，每年有3000多个海外团队前来参观朝圣。

粤琼港澳等环南海地区：广东和海南的妈祖庙有近40座。香港有50多座。澳门地区有2座，即妈祖阁和天后宫。妈祖阁建于明弘治元年（1488）。天后宫于2003年10月4日落成，是澳门迄今规模最大的庙宇，整个建筑按照闽南古建筑风格设计建造，并参照福建、台湾等地妈祖庙的传统规制布局，宫前有长达60余米的阶梯，厚实华丽的牌坊式山门、汉白玉围起的祭坛和由回廊连为一体的大殿、梳妆楼、钟楼和鼓楼等。主殿坐西朝东，气势恢宏，楼台宇顶雕龙飞檐，金色琉璃熠熠生辉。宫内雕梁画栋，金碧辉煌。高达3米的妈祖塑像凤冠霞帔，慈眉善目，仪态端庄。

妈祖作为女性海神信仰的普及，是海神形象演变文化史的必然，其姓氏名谁，在沿海各地并不一致[①]；但自从南方沿海民间信仰中的女性海神妈祖被升格为皇家朝廷敕封的"国家级"海神之后，那些在各地民间信仰中原本说法不一的海神娘娘"来历"，由于上层的影响和文人们文字传播的"话语权"，也就大多不被统一在"妈祖"身上了。

二、妈祖信仰在北部沿海的传播

在中国大陆沿海，以南方沿海的福建省及其以南的广东省和港澳地区、以北的浙江省沿海地区庙宇最多；在北方沿海，则在环渤海地区如青岛、烟台、蓬莱、长岛、天津、营口、丹东、锦州、秦皇岛等地甚为普遍，大凡港口码头、渔业村镇、商埠城市都建有妈祖庙，多称为"天后宫"，俗称"海神娘娘庙"，其中影响最大的，一是规模最大、始建于元代泰定三年（1326）的天津"天妃宫"（到清康熙年间后改称"天后宫"）；一是历史最久、始建于据庙记为宋徽宗宣和五年（1123年，按：

[①] 参见陈子艾：《海神初探》，见叶大兵编《中国渔岛民俗》，温州民俗研究所编印，1993年，第7～33页。

疑不确）的山东长山列岛亦即庙岛群岛中的庙岛上的"显应宫"。

1. 天津天后宫

天津的天后宫为1226年所建，是北方最大的妈祖庙之一。

天津历史上建有16座天后宫，其中小直沽天后宫，是其中年代最久、规模最大的一座，一般称作西庙，俗称"娘娘宫"，坐落在天津旧城东门外的三汊河口西岸。娘娘宫大殿正中供奉着天后圣母。天后塑像方面大脸，头戴凤冠，身穿黄袍，十分富态。天后宫始建于元代泰定三年（1326），明代永乐元年（1403）重建，为天津市区现存最古老的建筑，有"先有天后宫，后有天津城"之说。

天后宫坐西朝东，面对海河，现存山门、牌楼、钟鼓楼、前殿、正殿、藏经阁、启圣殿等。正殿内"娘娘"塑像身披霞帔，头戴凤冠，四侍女捧印、抱瓶、打扇恭立两旁，殿内两侧还陈列銮驾一套。山门前有两根幡杆为明清遗存文物，幡上分别绣着："津门艺萃百肆迎春，溟波裕日济运通航。"

现在的天后宫内设有天津民俗博物馆，在庙内两侧厢房陈列、介绍天津城、天后宫及皇会的兴起和变迁，陈列明代天津城砖、清代漕运模型及各种民俗造型与文物等。

天后宫最初为船工祭祀海神天妃、举行酬神演出及聚会娱乐的场所，宫前有广场和戏楼，两侧街道形成商业集市和年货市场。旧时每月初一、十五，逢年过节，这里香火旺盛；每逢天妃诞辰（农历三月二十三日），举行"皇会"，表演龙灯、高跷、旱船等，百戏云集，万众争睹。对当时天后宫的繁华景象，有诗记载："旗飑危培集万艘，碧溟漕运溯元朝。天妃庙貌依稀在，金鼎香烟绕绣袍。"

"皇会"最初叫"娘娘会"，是天后海神娘娘的生日庆典。相传农历三月二十三日（各地也有正月十六、三月十三等多说）是海神娘娘生日。

庆典仪式十分隆重，活动场面热闹非凡。自清代康熙年间，便形成了在海神娘娘诞辰之前出会四天的"定制"，即：农历三月十六日"送驾"，将海神娘娘和眼光娘娘、子孙娘娘、斑疹娘娘、送生娘娘共五位娘娘的木像，送到闽粤会馆天后殿供奉；十八日"接驾"，将这五位娘娘的木像接回；二十日和二十二日"出外散福"，抬着五位娘娘的木像沿街游行，接受人们的香火。每逢此时，民间的"法鼓会""大乐会""鹤龄会""重阁会""中幡会""高跷会"等沿街表演各种技艺，呈现一番盛况。之所以称为"皇会"，据说是清乾隆年间，乾隆皇帝乘船下江南路过天津，前来观看"娘娘会"，各会从船前经过，尽力表演，各显其能，精彩纷呈，博得乾隆皇帝赏识，赏赐乡祠挎鼓会四名鼓手各一件黄马褂，鹤龄会四名鹤童各一个金项圈，还赏赐给"娘娘会"的组织安排者两面龙旗。从此后"娘娘会"身价倍增，遂易名为"皇会"。乾隆、嘉庆年间以来，"皇会"越办越火，声势越来越大，各会依次出游：净街会，负责将街道打扫干净；门幡会，将天后宫海神娘娘的历代封号写在大幡上，组成仪仗队簇拥而行；太狮会，仿天后宫大殿前两个石狮的样子，做成两个木头狮子，抬着保驾；挎鼓会，由十三四岁的鼓手表演歌舞；此外，还有花鼓、高跷、身歌、捷兽（狮子舞）、重阁、中幡、萃韵音乐等歌舞、杂技表演。最后，才是载着五位娘娘木像的宝辇；每个宝辇前面都有法鼓会，后面有八人骑着八匹大马、打着八杆大黄旗，进行护驾。每逢出"皇会"，沿街人山人海，人声喧闹，群情激奋，盛况空前。清人张焘《津门杂记》载云："三月二十三日，俗传为天后诞辰。天津系濒海之区，崇奉天后较他处尤虔。东门宫，俗称娘娘宫。……神诞之前，每日赛会，光怪陆离，百戏云集，谓之'皇会'。香船之赴庙烧香者，不远数百里而来，由御河起，沿至北河、海河，帆樯林立……河面黄旗飞舞空中，俱写'天后进香'字样。"至清末民国时期，"皇会"不再年年举办，差不多为十年左右一次。近年来，天津古文化街得到修复，每年农历三月二十三日，又恢复了"皇会"。①

2. 庙岛显应宫

显应宫所在的庙岛，是渤海与黄海交界分割线上庙岛群岛中的一个小岛，处于胶东半岛和辽东半岛之间渤海海峡中心偏南的要冲位置，是海路连接山东半岛与辽东半岛，直达南邻烟台、蓬莱，北邻大连、旅顺，从外海外洋西向直通京、津，从内海向南通山东半岛南部、江浙、闽粤和台湾直至东南亚各地，东通韩国、日本的必经海口和海上交通圆心，历史上一直有黄渤海要塞、京津门户、中外海口之称。而在通经这一海口的千帆万舶之中，宋元明清的南北海运和民间海洋贸易一直占据主体。妈祖信仰在黄渤海区域的传播、妈祖宫庙在黄渤海区域这一妈祖文化传播中心的庙岛上的建立，正是福建海商海运北上、与北方联动，构成南北方海船穿梭往来的结果。只要看一看我们的海洋历史，就足以颠覆一直以来认为中国是"闭关锁国"国度的错误认知。

妈祖信仰之所以在庙岛落脚生根，还有其自身的环境条件因素。恰恰就是在这一区域，至迟自战国中晚期，这里就是中华海洋精神文明中海洋神灵仙界信仰和海市蜃楼信仰最为集中的区域。自先秦以降，燕、齐国王、孔子、庄子等诸多哲学思想家，徐福、安期生等众多燕齐方士，秦皇、汉武等诸多帝王，李白、杜甫等著名诗人墨客，还有更多的当地百姓、渔夫舟子、航海商人，都相信、崇尚海中神仙与"蓬莱仙岛""仙境"。②今天的蓬莱市最早称名为"蓬莱"，就是汉武帝元光二年（前133）东巡求仙，"于此望海中蓬莱山，因筑城以为名"的结果。关于"蓬

---

① 参见《天津天后宫》，天津民俗博物馆编印资料。
② 司马迁《史记》所记"自威、宣、燕昭使人入海求蓬莱、方丈、瀛洲。此三神山者，其传在渤海中，去人不远，患且至，则船风引而去。盖尝有至者，诸仙人及不死之药皆在焉。其物禽兽尽白，而黄金银为宫阙，未至，望之如云；及到，三神山反居水下。临之，风辄引去，终莫能至"。

莱仙人""蓬莱仙话""蓬莱仙山仙岛""蓬莱长生不老药"等,历代都有许许多多精彩故事、奇人逸事,令人神往、入迷。海洋崇拜、海神信仰正是由这一独特的海洋物理环境和海洋物理现象的"土壤"滋生的。庙岛妈祖庙作为中国北方建成的第一座妈祖庙,其后世的庙会越来越隆盛,南来北往的船只在此避风休整,人们到庙里祈拜海神娘娘保佑海上风平浪静、平安无险,近千年来香客不绝,香火缭绕。从精神文化方面寻求渊源,显然是基于蓬莱神仙信仰传承的地理与历史基础,基于后世民间众多的海神"淫祀",因历代皇帝敕封妈祖使之成为国家级海神,因而统于妈祖一尊的结果。

长岛庙岛显应宫亦名天后宫,俗称"海神娘娘庙"。据庙志[①]记载,庙始建于北宋宣和四年,即公元1122年(按:此记载存疑),是当时中国北方地区第一座妈祖庙,也是妈祖信仰与妈祖文化北移传播的标志,迄今已历时800多年之久。庙岛古称沙门岛,原有沙门佛院,草屋三间,显应宫("海神娘娘庙")建庙之后,"沙门岛"的古称便逐渐被"海神娘娘庙岛"的俗称所取代,后世简称为"庙岛"。庙岛所在的长山列岛,也由此而更加丰富了其南北、中外海洋—岛屿之间文化交流的枢纽和中心的内涵,故长山列岛现亦称庙岛群岛。

据撰于明初的《朝天录》和撰于明末的《燕行录》等朝鲜(明初称高丽国,后称朝鲜国)史料记载,当时往返于中国的使臣,海行必至庙岛候风,"使多赍国书,诣庙祀海神"。有时驻锡达数月之久。明崇祯元年(1628)诏立宫庙,山东左都督杨国栋奉旨对娘娘庙进行大规模扩建,崇祯皇帝御赐匾额"显应宫"。至此,庙岛显应宫声名与规模达到鼎盛。清代康熙、乾隆、道光累世增修扩建,显应宫范围日趋庞大,形成了以显应宫为主体,以三元宫、关帝庙、龙王庙、玉皇庙等八大庙宇为辅翼的一组古庙群。由于庙岛是往来航船的必经之地,又是当时的登州外港,清代庙

[①] 见《庙岛显应宫》,长岛庙岛显应宫博物馆编印资料。

岛成为黄渤海地区的第一大锚泊港口和北方航运中心,官、漕、商、渔各类船只均以此为航海中继和货物集散地,清政府在此设置海关,负责管理渔、商事务。每年阴历七月十五前后,南方粤、闽、浙等南帮船和天津、营口、安东(丹东)及登、莱、胶、海等地的北帮船,聚首庙岛报关,领取官防,举办盂兰盆会,各地船帮各显示实力,争相延请天下名班搭台唱戏,最多时戏棚达四五十座,各棚同时作场,名曰"对台戏",同时举办迎神赛会、扎彩会等祭祀和娱乐活动,一时商贾云集,货物如山,会期往往长达月余。当时各船帮中流行有庙岛"宝刹多间,娘娘最灵,七月十五有戏听"之说,足见庙岛显应宫影响和信仰之盛。除了"七月十五"庙会,一年中还有"正月十五"上元灯会、"三月二十三"娘娘诞辰庙会(春祠)、"九月九"祀神庙会(秋尝)等。显应宫的这些庙会活动,一直延续到 20 世纪 40 年代末 50 年代初。[①]

现今的庙岛显应宫系在宫庙原址上重新修建,坐落在庙岛的北部,南北傍山,东西临海,四周有诸岛环卫,整组建筑群包括前、中、后殿和戏楼等,南北长 166 米,东西宽 66 米,总面积万余平方米。同时,还将庙中所存的清咸丰皇帝御笔亲书的"神功济世"匾重新修复,为南北民俗文化的进一步融合和妈祖文化的进一步发扬光大增添了新的内涵。大殿东侧还建有中国第一个县级航海综合博物馆,开设有中国造船史、海运史、航海技术史、海上军事史和郑和纪念馆等。

特别值得一提的是,庙岛显应宫内曾收集、陈列有大量的"许愿船",表现了长久以来历朝历代渔民、船民们对海神娘娘虔诚的崇拜。过去渔民、船民为祈愿出海安全,或者在海上遇到风暴,而向海神娘娘祭祀祷告时,往往许愿说:敬请海神娘娘保佑平安,出海或脱险回来后一定给海神娘娘献上一条船。如能平安回来,就认为是海神娘娘保佑了自己,于

---

① 参见曲金良:《环渤海圈民间神娘娘信仰的历史与现状》,《民间文化论坛》2004 年第 6 期。

是就仿照自己使用的船制作成精致的模型,称为"许愿船",又称"替身船",敬送娘娘庙中,因而得以陈列。据调查,庙岛天后宫内藏有自元朝到现代的"许愿船",多时曾有数百只,现只剩下数十只。

3. 烟台"大庙"

作为天后(妈祖、海神娘娘)信仰从南方沿海尤其是由福建船帮传播而北、从而在环渤海地区普遍信仰和传承开来的各个时期的历史见证,原位于渤海南岸山东半岛东北端的今烟台市老市区中心地段的天后宫(俗称"大庙"),今天虽然荡然无存,但其在一代代烟台人心中所形成的普遍的"大庙"情结,却一直挥之不去。"先有大庙,后有烟台",道出了大庙在老烟台人心目中的地位。它曾经的辉煌,它周围的繁华,在人们心中留下了抹不去的痕迹。

烟台大庙坐落在北大西街西段路北(现烟台市群众艺术馆址)。明初,这里数十家渔民为祈求出海打鱼安顺,集资在海边修建了三间草屋供奉海神娘娘。清雍正年间又进行了小规模重修扩建。这时的芝罘湾已成为中国北方海上运输和捕捞的重要港口。当时,广州、福建、宁波等外地商船往来频繁,贸易兴隆,前来供奉海神娘娘的人随之增加。1810年,烟台商家、船帮、渔户集资捐款,按庙宇规制建起一座三进式的"大庙",并在它的正南建起坐南向北的戏台。到了清道光年间,以大庙为中心,形成了商业中心,商户达一千余家。大庙还是"烟台街"的文化中心,每逢春节、元宵节、中元节及海神圣诞、仙逝之日,这里都要举行庙会。1964年,大庙被拆除。①

位于今烟台市老市区中心地段的原福建会馆,亦称天后行宫,也是供奉和祭祀天后圣母海神娘娘的重要场所,始建于清光绪十年(1884),落成于清光绪三十二年(1906),是由福建船帮商贾集资修建的一座供奉

---

① 王一惟、徐惠平:《大庙文化给烟台带来了什么》,《烟台晚报》2003年6月20日。

海神娘娘的具有闽南特色的封闭式古典寺院，1958年被辟为烟台市博物馆，并确定为国家级重点文物保护单位。

4. 营口天后宫

坐落于渤海北部沿海的营口天后宫，全称为天后行宫，俗称同样是"大庙"，只是因该庙坐落在城区西部，建筑面积宽阔，故人们习惯上一直称之为"西大庙"。庙址位于现辽河大街西端、渔市街道办事处辖区内。

营口天后宫是清雍正四年（1726）在原龙王庙旧址上，由当时南方江浙一带来营口的客帮和本埠富商集资兴建，民国十九年（1930）重修。该庙布局严整，四面砖墙围砌，坐北朝南。庙前有宽阔的广场，广场竖一石坊，石坊东面上书"紫气东来"，西面上书"慈光普照"。广场南面还建有一座戏楼。进庙有山门和两座角门。山门内的高大泥塑神像为哼、哈二将。山门上悬匾额一方，上书"天后行宫"。山门东西有钟鼓二楼，进院便是大殿，横排东西，正中为主殿，左配殿主祀药王，右配殿主祀龙王。院心设有铁铸香炉一个，上铸"天后圣母""嘉庆二十五年立"文字。院内石碑林立，各具碑文，其中"舳舻云集，日以千计"字句，便是清雍正四年（1726）建此庙时所镌刻的碑文，为营口历史发展的确凿记录。天后宫前面广场的西部还有观音阁一座，阁上一边为财神祠，内塑神像一尊，上悬匾额"灵通泉府"，正中题额为"天医晋财"，祠内还供奉关羽、关平、周仓神像。阁上另一边为观音祠，内供观音菩萨神像一尊，为樟木雕刻，还有十八罗汉神像在两旁排列。祠内悬匾额一方"一片婆心"。天后宫广场的东侧有跨院，为住持僧居所。除此之外，天后宫内还供奉散仙杂神多尊，有子孙娘娘、眼光娘娘、筋骨老爷、"躺巴老""十不全"以及风神、雨神、雷公等。

营口一带祭祀天后海神娘娘的庙会，会期为农历四月二十八日，每年这一天，人们从四面八方涌来，或拜庙进香，或观瞻神佛，或祈祷还愿，或经商卖艺。20世纪60年代"文化大革命"初期,天后宫的神像、匾额、石狮等被损毁,绝大部分殿宇被扒掉,唯有供奉海神的娘娘殿和左右配殿(药王殿和龙王殿)幸存。如今天后宫已成为集贸市场,仅剩遗迹被定为市级文物保护单位。①

另如辽宁丹东市西百里,有大孤山,建有海神娘娘庙,同样,每年的农历四月十八日为海神娘娘庙会,游人商贾云集,迎神赛戏连台不绝。

三、妈祖信仰在台湾地区的传播

妈祖信仰向台湾的传播,形成了闽台妈祖信仰中心地区的重要一翼。

妈祖信仰传入台湾始于明代。台湾与福建一衣带水,自古以来与福建有地缘、血缘的密切关系;所以,大陆向台湾移民,历史上闽人居多。闽人之中,又以泉、漳沿海一带移居台湾的人数最多。在明末清初三次移民浪潮中,福建闽南一带的移民为了祈求渡海平安,无不在渡船上奉祀一尊妈祖分身,设置神位。移民抵台之后,又因开拓之艰辛,奉妈祖为安居乐业的保护神,建庙祭祀。从现存台湾的"沈有容谕退红毛番韦麻郎"等古碑文资料得知:早在万历年间(1573—1619),澎湖岛上即建有妈祖宫。郑成功收复台湾后,在台湾彰化鹿港建造了一座天后宫,据说此为台湾岛上可考的最早的一座妈祖庙。清初统一台湾后,大力宣扬妈祖的"护国安邦"神威,促进了妈祖信仰在台湾的迅速传播。康熙二十二年(1683),施琅奏请于台南建造天后宫,这是清朝在台官建妈祖庙之始,此后,在清政府的提倡下,台湾沿海港口俱建宫庙。康熙三十三年(1694),大陆僧人树璧从湄洲祖庙奉一妈祖神像到台湾云林北港,集资建庙供奉,后逐渐扩建为北港朝天宫,成了台湾香火最旺的妈祖宫庙之一。据载,至光绪二十年(1894)以前,台湾各地的妈祖庙已达97座。②日据期间,台湾

---

① 李桂椿:《营口老话——地名趣谈》。据营口文化信息网:www.ykwh.net.cn/yklh。
② 蔡相辉:《台湾的王爷与妈祖》,台原出版社,1989年。

人民眷念大陆故土,以妈祖信仰为纽带,寻找精神安慰。他们冲破了种种阻碍,在台掀起了一股修建妈祖庙宇的热潮,以表露他们的寻根意识和爱国情结。根据《重修台湾省通志·住民志·宗教篇》统计,至1930年,全台的妈祖庙已增至335座,居台湾各寺庙主神的前三位。其中澎湖天后宫、台南天后宫、北港朝天宫、台北吴渡宫,为台湾妈祖的四大宫庙。由于台湾的妈祖神像大都是福建移民从祖籍地分灵而来,所以就祖庙来源的不同,其称谓略有所异。来自湄洲祖庙的称"湄洲妈",来自泉州的称"温陵妈",来自同安的称"银同妈",来自兴化的称"兴化妈"等等。①

妈祖信仰已经是台湾最普遍的一项民间信仰。无论在大庄或小庄、山村或渔村、乡镇或市街、港口或内山,都可看到妈祖庙。台湾现有妈祖庙510座,其中有庙史可考者39座,建于明代的2座,建于清代的37座。台湾主要的妈祖庙有彰化鹿港天后宫、云林北港朝天宫、台中大甲镇澜宫、台南市大天后宫、正统鹿耳门圣母庙、竹南镇后厝龙凤宫。澎湖天后宫相传始建于明万历二十年(1592),庙内雕梁画栋,刻工精细,古香古色,美不胜收。每年农历三月二十三日妈祖神诞日,澎湖天后宫都要举办大规模的"妈祖海上绕境"活动,借以祈求风调雨顺,阖家平安。

四、妈祖信仰在国内其他地区的传播

除江浙地区有30多座妈祖庙,如杭州西湖天后宫(宋)、海宁海神庙(清)、丹徒天后宫(宋)、刘家港河镇天后宫(元)外,上海有天妃宫,山东威海、青岛、长岛、烟台、蓬莱等地都有妈祖庙,天津有天妃宫,河北有山海关天后宫(明初)、秦皇岛天后宫(明初),河南有开封市朱仙镇天妃宫,辽宁有东沟大孤山天后宫(清乾隆),另外北京、丹东、锦州等地都有妈祖庙。妈祖供奉不限于沿海,在安徽、江西等地也有。据调

---

① 方宝璋、方宝川:《中华文化通志·闽台文化志》,上海人民出版社,1998年,第543页。

查，在江西的九江、景德镇，安徽的宿松，湖南的芷江，江苏的南京，以至于贵州的镇远等地，虽属内陆地区，距福建较远，但也都有天妃庙和供奉天妃的历史。

五、妈祖信仰向琉球的传播

妈祖信仰海外传播的重要地区之一是琉球群岛。琉球的妈祖庙有久米村的上天妃宫、那霸的下天妃宫和久米岛天后宫等三处。按照命名一看即知，因"天妃"封号出现于元、明两朝，前二者是早期创建的，而"天后"封号是清康熙中期赐敕的，后者的天后宫则是较为晚期创建的。

《大明一统志》中陈侃曾说："我太祖遭传，琉球首效归附。故特赐以闽人之善操舟者三十六姓焉。使之方便往来，朝贡亦作指南车焉耳。"明太祖新王朝成立时，作为招抚外藩的环节，于洪武五年（1372）派遣了使者杨载到琉球告谕。当时，琉球是中山、山南、山北三国鼎立。同年12月，中山王察度派王弟为使者入贡明朝。山南王从洪武十三年（1380）左右起，山北王从洪武十六年（1383）左右起，也都派出进贡船只。当时琉球的造船业落后，横渡海面顶风破浪有困难。于是明廷赐给海舟，如洪武十八年（1385）春赐中山王察度、山南王承度海舟各一。还拨给在大海中有经验的篙师、舵工以及滨管外交文书和通事（翻译）人员，并让这些人定居下来，洪武年间初去琉球的三十六姓，有百余人定居。①

当时，琉球是中国的属国，每年派使臣到大陆向朝廷进贡；每次请封新王，明朝廷也要派使者前往琉球册封，渡海涉洋出使途中时遇险境，均因妈祖庇护化险为夷。如明洪熙元年（1425）的柴山，明成化年间（1465—1487）的陈询，明嘉靖四十年（1561）的陈侃，乃至清康熙二十二年（1683）的徐葆光等使者，或遇狂风恶浪，或船破落海，但最终

---

① 参见李献璋：《妈祖信仰研究》第三篇"妈祖信仰的发生、传授及其影响"，日本东京泰山文物出版社，1979年。

都有幸获救重生。这些奇迹更使妈祖信仰在琉球广为传扬,并在当地生根开花。

六、妈祖信仰向日本的传播

日本是中国妈祖信仰海外传播最早的地区之一。神户、长崎及很多岛上都建有妈祖庙,有数十座,并有信众组织"妈祖会"。日本妈祖会成立于1978年,由旅日华侨曾定修(入江修正)从北港朝天宫恭请妈祖神像,供奉于箱根观音福寿院,宣布日本妈祖会正式成立。20多年来,每年于农历三月二十三日妈祖诞辰日,该会都组团返台到北港朝天宫进香,也会在日本各地举办祭典交流活动。日本的长崎市是闽籍华人主要聚居地之一,也是日本兴建妈祖庙最多的城市之一。据史载,自明嘉靖四十一年(1562)中国船只首航长崎港起,中日贸易往来日益密切,每年仅出入长崎港的大船就有200多艘,而长崎各地的妈祖庙就是那些中国船员以及随后而来的华侨兴建的。这些妈祖庙多位于各地华人同乡会会馆内,既是供奉天后娘娘的圣殿,又是会馆议事聚会的中心。

促使妈祖信仰在日本传播的另一重要因素,则是中国沿海民众赴日开展的各种交往活动。从明代起,越来越多的东南沿海民众渡海到日本从事贸易、务工等。他们起先到离中国大陆较近的琉球群岛,以后又逐渐向北进入日本列岛的长崎、神户、大阪、东京等地,有的还在当地定居,并建起他们视为保护神的妈祖庙。据不完全统计,如今日本各地尚存的妈祖庙就有100多座。[①]

---

① 《日本的妈祖信仰》,《湄洲日报》2002年10月21日。

七、妈祖信仰向朝鲜的传播

庙岛群岛所处的航道,是自古以来中国与朝鲜半岛、日本列岛海上往来的主要通道。庙岛在明代是朝鲜使臣往返中朝的必经之地。岛上的娘娘庙前身为北宋时建的佛寺。元代,海上漕运兴起,至元年间,由福建船民出资增建屋宇殿堂,并改佛院为专门奉祀妈祖的道场,世称海神娘娘庙。它是当时北方地区的第一座妈祖庙,也是妈祖信仰与妈祖文化北移的开始。

庙岛上的天妃宫(明初封号,时称"天妃祠",崇祯年间,山东左都督杨国栋奉旨扩建,并得御赐庙岛"显应宫"匾额;清代敕封"天后",仍称"显应宫")祭祀海神天妃(北方民间多称"娘娘",南方民间多称"妈祖")。朝鲜入朝贡使来往多走海道,往往在庙岛候风祈神,因此天妃信仰也由庙岛传播到了朝鲜半岛,乃至日本列岛。我们在朝鲜半岛李氏朝鲜时期入贡明朝的使臣们的《朝天录》里,可见到众多使臣在经留庙岛时写下的大量祭祀天妃的诗文。[1]这说明,庙岛是天妃信仰即妈祖信仰在东亚地区传播最早的海上中心。[2]

从明代朝鲜贡使们的这些"庙岛诗",可以看到明代从朝鲜半岛骑涛跨海冒死渡来的入朝使臣们,对这位女神(明代称"天妃")的信仰是如何虔诚。

据统计,在明朝276年里,高丽—朝鲜使臣使团渡海入朝共计1252个行次,平均每年约有138人次。从海路来华或归国的朝鲜使臣,如前期的郑梦周、权近、李詹等,主要是过鸭绿江后从旅顺渡海经庙岛群岛,从蓬莱登陆,然后取道赴南京。而后来的全湜、金尚宪、吴天坡等,则是从

---

[1] 以下参见袁晓春编《朝鲜使节咏山东集录》;刘福铸《古代朝鲜使臣的妈祖诗咏》(1)、(2);刘焕阳、刘晓东《落帆山东第一州:明代朝鲜使臣笔下的登州》等。

[2] 刘焕阳、刘晓东:《落帆山东第一州:明代朝鲜使臣笔下的登州》,人民出版社,2013年。

鹿岛出发，经长山岛（辽宁长海县）、庙岛，从蓬莱登陆，再从陆路去北京。因此朝鲜使臣往返多走登州海路，候风经过沙门岛、三汊河等处，拜谒天妃宫，留下了许多朝鲜贡使文臣的妈祖诗咏。①

郑梦周（1337—1392），字达可，号圃隐，高丽庆州人，进士，官至门下侍中（首相）。他从洪武五年（1372）至洪武二十年（1387）先后四次出使中国。有诗文集《圃隐集》。其集卷一有《沙门岛》一诗，据载为"洪武十七年（1384）三月十九日过海宿登州"时所作，表达了对妈祖的虔敬之情以及得到妈祖的"灵贶"庇佑的希望。诗曰：

> 神女祠何处，沙门海上岑。
> 戎车连鹤野，贡道接鸡林。
> 利涉由灵贶，徽封自圣心。
> 泊舟来酌酒，稽手冀来歆。

权近（1352—1409），字思叔，号阳村。高丽安东人，进士，官至礼仪判书。李朝建立后，官至知经筵事，是李朝的佐命功臣，有《阳村先生文集》。明洪武二十二年（1389）六月，他奉命出使中国，在南京受到朱元璋的接见，明太祖作《鸭绿江》《高丽故京》及《使经辽左》三诗以赠。九月，权近在返回朝鲜途中经庙岛候风，作《九月初二船发沙门岛待风》五古，直抒胸臆，表达了朝鲜人对妈祖的笃信之心。诗曰：

> 秋晨天气佳，和暖如春是。
> 篙师乃发船，海晏波不起。
> 来泊岛屿中，祠宇肃清闲。

---

① 刘福铸：《古代朝鲜使臣的妈祖诗咏》（1）、（2），《侨乡时报》2008年3月28日、3月30日。

> 利涉赖阴功，默默心有冀。
> 沙边数店小，落日相投止。
> 同舟五六人，沽酒交欢醉。
> 澄明暮天晴，空翠无涯埃。
> 归心若悬旌，摇摇待风急。

"利涉赖阴功，默默心有冀"，表达了对妈祖的笃信之心。

九月初四，他前往庙岛显应宫祭妈祖祈风，仍不得发，又作《夜宿舟中》，据载至祈风当日二更，得风起航，过呜呼岛，初五到达旅顺口。诗曰：

> 引逸天心显，迟违人事非。
> 得风空有喜，越海却难归。
> 漂泊经时节，淹延送夕晖。
> 舟中高枕卧，去住任神妃。

李崇仁（1347—1392），字子安，号陶隐，是朝鲜著名儒学学者，有《陶隐先生诗集》，其集中亦有多首妈祖诗咏。如《沙门岛偶题》：

> 海上沙门岛，停帆数日留。
> 老婆能结网，童子学操舟。
> 唉月闻孤鹤，扬波见戏鸥。
> 题诗非好事，聊且慰羁愁。

自注云："天妃庙中有鹤。"
又有《天妃庙》一首：

河水东边帝子祠，好将灵应勒丰碑。
天鹅回翅旋遭弋，海客行船捻卜龟。
花放嫣红欺宝屧，山浮新黛展修眉。
忆曾暗掷金钱日，万里悠悠有所思。

再如《天妃庙次韵》一首：

孤屿开祠宇，丰碑纪岁年。
神光时自发，灏气远相连。
绘彩多灵像，掬馨列盛筵。
感通真莫测，赖尔庙官传。

李詹（1345—1405），字中叔，号双梅堂，高丽洪州人，进士，官至春秋馆大提学等。李詹曾两度出使中国，有《双梅堂箧藏文集》。其集记载他于明建文二年（1400）来中国南京朝贡，以祝贺建文皇帝登基大喜。当年十二月二十七日，李詹一行船行至登州海口（庙岛塘）时，由于海水结冰，乃祈祷天妃退冰，作《祈天妃退冰》，诗云：

海门冰合脱行船，潮退须臾已涣然。
故是冰仙方便力，但将消长要知天。

明建文三年（1401）三月三日，李詹于返国途中，船至沙门岛（庙岛）候风停泊，前往天妃宫祈祷，作《沙门岛待风》七律：

文物中华称旧闻，白头持节觐明君。
乌翔兔走东西隔，鱼跃鸢飞上下分。

烈士故居春寂寂，神妃遗庙客纷纷。
篙师掼却知风起，占得晴天片段云。

作者尚有多首庙岛候风诗与妈祖有关，如《又题，用登州韵》云：

久客绕情绪，当春更惘然。
分香灵应庙，乞火孝廉船。
雁度三千里，鹏骞九万天。
几时还故国，烂漫醉花前。

原诗有注云："监生为香使，同泊沙门岛，以志灵应庙（显应宫）乞火、分香事也。"诗中记载了朝鲜使臣在庙岛显应宫"分香""乞火"，将妈祖香火传递到使船上供奉的祭祀活动。

李詹《双梅堂箧藏文集》中尚有天妃诗咏多首。如《旅顺行》云：

君不见旅顺口，山藏浦溆平如斗。
千艘万舸可容受，官为置关使之守。
蓬莱山俦隔咫尺，乘风一举可与友。
奈何水有蛟龙，陆有豺狼。
东方使者朝玉京，停轺维舟久彷徨。
高浪驾天迷水乡，篙师辟易踣且僵。
行人灌酒天妃宫，手掷环玦祷好风。
人心动静自吉凶，天君岂肯私玄功。
安得踢倒沙门与鸣呼。
填却巨浸成埋途，往来络绎不用符。

金时习(1435—1493),字悦卿,号梅月堂。生于汉城(今韩国首尔),曾随名师金泮攻读中国四书五经和诸子著作,一生创作大量诗歌和小说。著有《梅月堂诗集》等,其《游关东录》有《蜃楼》诗云:

> 君不见蓬山之侧屹蚝山,相粘百千光斓斒。
> 中有车螯大如盘,怀珠深隐巉岩间。
> 吐气苒惹成楼台,凌晨崒嵂红云端。
> 倐忽变化渺难状,青红相杂形阑珊。
> 或如阿房复道横,高低殿阁施珠栏。
> 又如玉京十二楼,天妃舞袖低盘桓。
> 五凤齐云邈以远,望春结绮埋荒草。
> 是何神物衔机梃,架出千层耸清昊。

姜希孟(1424—1484),字景醇,号私淑,又号菊坞,1447年状元,官至议政府左赞成,谥文良。曾出使中国,有《私淑斋集》。其中有《送权御使健观光》长诗,中间有句云:

> 如今承命朝帝京,一路渺茫通幽燕。
> 龙湾马跃蹴冰雪,华表鹤归知几年。
> 三汊庙下谒天妃,黑林西畔平吞天。
> 经行数日不见山,到得间阳山耸边。

成伣(1439—1504),字磬叔,号慵斋、虚白堂,昌宁府人,生于汉城(今韩国首尔)。1459年进士。历任平安道监司、庆尚道监司、礼曹判书和大提学等职,曾到过中国,著名散文家、诗人。所著《虚白堂诗文集》中也有不少妈祖诗咏。如《天妃庙》诗云:

匹马来寻帝子家，晕气杰阁带残霞。
碑横古砌埋芳草，门掩清风摆落花。
水合三丫成巨浸，舟转一叶漾清波。
棹歌惊动沙头雁，乱起联翩背日斜。

又有《重过天妃庙》：

暮投沙岭宿，明发渡辽河。风浪何时已，天妃旧恨多。
题诗曾感慨，怀古复经过。极目苍梧远，茫茫送白波。

其《送李检详颗赴京八首》之四中亦有咏及天妃庙之句：

巫间苍翠插云端，路接龙荒境转寒。
华表柱头秋漠漠，天妃庙下水漫漫。
五更风雪灯火冷，万里江山客梦残。
饱历幽屏千古地，奇观满眼旅怀宽。

明代朝鲜使臣来华的另一路线是经长山岛（辽宁长海县）、庙岛，从蓬莱登陆后去北京。沿途盘锦的三叉（汊）河渡口、海州卫（在今海城）等都是明代朝鲜使臣必经之处，故也建有天妃宫。由是相关诗咏也不少。

李胄（？—1505），字胄之，号忘轩。固城人。朝鲜成宗戊申（1488）进士，官拜正言。燕山君"甲子士祸"翌年（1505）被杀，著有《忘轩遗稿》。其集中有《三叉河途中》诗：

废垒残城向夕曛，塞边愁思草连云。
长墙一面分胡地，河水三叉接海门。
芦绋维舟开木道，天妃留庙辱湘君。
风谣欲问邦音异，倚马行看古碣文。

金安国（1478—1543），字国卿，号慕斋，李朝进士，官提学、右参赞等。有《慕斋先生集》，集中有《海州晓发纪行》诗：

晓发海州卫，查河渡涉艰。
牛庄尘暗雾，鹤野月临弯。
水绕娘娘庙，天垂达达关。
烟烽时屡警，胡虏尚犹顽。
沙岭元非岭，盘山岂有山。
高平聊憩息，望极荻蒿间。

原注云："海州卫西，有木查河。天妃娘娘庙，在三叉河傍。北望长垣，际天为防。达达、牛庄、沙岭、盘山、高平，皆驿名。"按：海州卫及牛庄驿等驿站，均在今辽宁省海城城内。"娘娘庙"当指明代所建的牛庄城西关天妃庙。

苏世让（1486—1562），字彦谦，号阳谷，汉城人，1504 年进士，历官弘文馆副修撰、议政府左赞成兼知经筵、弘文馆大提学、艺文馆大提学等。嘉靖十三年（1534）曾出使中国，著《阳谷先生集》，其中有《过三叉河》：

瘦马凌兢踏晓霜，长风不断野茫茫。
三叉河畔天妃庙，多少行人酹一觞。

集中另有《过天妃庙，次景遇韵》一首：

> 水作三叉去，堂依两岸存。
> 疏疏平野雨，漠漠塞天云。
> 延袤墙为堑，华夷界此分。
> 故园梅已发，回首问东君。

郑士龙（1491—1570），号湖阴居士，李朝进士，官至大提学，常接待明朝来使，著有《湖阴杂稿》，其中《三汊河》云：

> 金元史里识辽河，衔命如今喜得过。
> 珠袋同流源委壮，东西分域战争多。
> 涛连巨舫平通陆，潮拥残水逆上沱。
> 香火娘祠祈利涉，宁知寰海不扬波。

原注云："河即辽水。东为辽左。西是辽西。珠子、袋子二河合流。并河为三汊。列大舰为浮桥。河左有天妃娘娘之庙。盖水神。敕封有碑。"

崔演（1503—1549），字演之，号艮斋，江陵人，1525年举司马两试擢第。历官修撰、正言、礼兵二郎、大司谏、吏兵曹参议、吏曹参判等。有《艮斋先生文集》，其中有《天妃庙》诗并原序云："三汊河南岸，有天妃娘娘庙，配以水神。行人德其利涉，必烧香罗拜。"诗曰：

> 河水深如许，三源合派长。
> 难容抗苇力，宜用造舟梁。
> 自是沾波远，都无病涉伤。
> 行人犹未识，香火拜娘娘。

金澍（1512—1563），字泽夫，号笼岩、寓庵，善山人，李朝进士，官至礼判，有《寓庵集》。其集中《送安君善之赴燕十绝》云：

去岁观光乘驲骑，归来风雪正撩人。
君行捻是吾游历，到处看题姓字新。
八站山川晨拥马，三汊舟楫暮阻风。
追思却入天妃庙，雪浪回看立半空。

李廷龟（1564—1635），字圣徵，号月沙，明万历二十六年（1598）任来华正使，其所著《月沙先生集》中有《次天妃祠韵》诗：

闻说仙祠面水阳，玄灵阴骘镇兹乡。
渚苹客荐香登俎，霞液天供翠溢觞。
湘浦夜深瑶瑟远，缑山月出凤笙长。
自怜病负寻真会，倘许归途一放狂。

金尚宪（1570—1652），字叔度，号清阴，安东人，李朝进士，官至大司宪、大司谏。有《清阴先生文集》《朝天录》等。明天启六年（1626），他作为朝鲜谢恩使出使北京，在沙门岛候风时，作诗多首，其中《咏天妃观道士》云：

千仞孤山百尺台，贝宫珠阁倚天开。
丹经一案无余事，只向三山待鹤来。

此诗说明当时天妃宫由道士住持。作者又作有《祭天妃迎送曲》，全诗为：

肃金气之澄清兮，瞻玉宇之峥嵘。
　　扫阴翳以戒程兮，爰载余之青旌。
　　指渤澥而飞艎兮，余将朝乎帝之乡。
　　酌琼液以泛觞兮，怀椒糈以为粻。
　　琉璃之界铺碧玉，白云幕兮明月烛。
　　内怵惕以屏息兮，惧明神不鉴余寸臆。
　　出不见兮入无听，夜将半兮风泠泠。
　　忽降临兮娉娉婷婷，翼百神兮从万灵。
　　纷紫氛之瑷䪝兮，璆鸣兮环佩。
　　欲进而局兮不敢退，俨若亡而若在。
　　倏云旗之载卷兮，闪神光之超电。
　　巨鳅舞兮神鳌抃，河伯前驱，阳侯后殿。
　　收烟雾兮伏波涛，飒凄凄兮回清飙。
　　悄耳目之寥寥，天河斜兮织女高。
　　神之反兮曷留，极云海兮思悠悠。
　　神之德兮何酬，咏万祀兮歌千秋。

　　高用厚（1577—?），字善行，号晴沙，是朝鲜"壬辰倭乱"时期举行义兵活动的著名文臣。高在明朝崇祯三年（1630），作为冬至使者出使中国，有《晴沙集》。其集中有《遇顺风到长山岛，奉呈郑下叔》曰：

　　舟舡到处不相违，济海云帆疾若飞。
　　竣事东归知几日，长山岛上祝天妃。

　　张维（1587—1638），字持国，号溪谷，德水人，1607年进士，著名理

学学者和诗人，与申钦、李廷龟和李植并称为"四大家"。所著《溪谷先生集》中有《送登极贺使韩知枢汝溠》长诗，有咏及妈祖诗句云：

> 太平万万岁，欢声腾八荒。
> 东藩奉贺表，使者方俶装。
> 客路指溟浡，风期纵舻艎。
> 天妃护玉节，蛟鳄潜遁藏。
> 转眄拂蓬莱，骎非原隰长。
> 皇居九天上，万国陈玄黄。

吴天坡（1592—1634），号肃羽，海州人，李朝进士，官至庆尚监司黄海监司，有《天坡集》。他于明天启四年（1624）七月出使中国，次年归国途中在沙门岛候风。集载："天妃娘娘庙，过海船必祈风于此。"其《泊庙岛》诗云：

> 春波如练好风迟，处处移帆近古祠。
> 向夜悄然人语静，船头香火礼天妃。

"船头香火礼天妃"句，说明当时朝鲜使船上供奉着天妃。

除朝鲜使臣外，琉球国大夫蔡大鼎于清咸丰十一年（1861）正月，亦曾任琉球贡使通事出使中国。蔡大鼎，字汝霖，多次入朝，在闽中作有《闽山游草》诗集。集中有《恭逢天上圣母下天口占》一诗：

> 黎明洒扫贡舟中，日暮恭迎自碧穹。
> 尊敬神祇蒙庇渥，平安往复喜无穷。

诗题下原有附记："咸丰十一年正月初四日晚。"作者是在渡海来福建时，在贡船上口占此诗的。清光绪二年（1876）十月，他曾随团再次来华向闽浙总督何王景、福建巡抚丁日昌递交国王咨文，陈述日本阻贡详情，呼吁清廷救助，希望摆脱日本的吞并。

八、天下妈祖庙：妈祖信俗在世界各地的传播

妈祖信仰起源于中国本土、广泛传播于海外尤其是海外华侨地区，成为一千多年来影响海内外的中国"国家级""世界级"海洋女神。

妈祖庙之多，以内地沿海及水网内陆分布为最广，其中以南方沿海的福建、广东庙宇最多；以台湾最为集中，数量也相当大；澳门南端有明代建的妈祖庙，人称"妈阁""妈祖阁"或"阿妈阁"；香港浅水湾半岛的东龙岛对面有宋代北堂妈祖庙，人称"大庙"，庙前有湾，后称"大庙湾"。明清两朝属国琉球的久米村有明代天妃宫，此路称为"天妃路"；日本长崎片浦港有"野间岳西宫"，莆田人林兆山定居此地奉祀妈祖神，称"妈祖山"；泰国曼谷有街称"妈祖庙街"；美国旧金山中国城有街称为"天后庙街"。

妈祖庙，是妈祖信仰崇拜的载体和"心向往之"的依托。据《世界妈祖庙大全》提供的数字，目前，全世界已有妈祖庙近5000座，信奉者近2亿人，分布在中国、日本、韩国、越南、泰国、新加坡、马来西亚、印度尼西亚、印度、菲律宾、美国、法国、加拿大、墨西哥、挪威、丹麦、巴西、阿根廷、新西兰等地。①

---

① 方宝璋、方宝川：《中华文化通志·闽台文化志》，上海人民出版社，1998年，第539~540页。

第四节　妈祖信仰文化传播的动因与功能

一、妈祖文化传播的信仰动因

关于妈祖信仰、祭祀发生的动因，有心理的基础动因、事件的直接动因等。有学者举例如表6所示：①

表6　妈祖民间信仰动因

事项		动因	历史背景
航海之神	海上守护神	宋元时代航海业和对外贸易的发展，移民和侨民的不断出现，以及统治阶级的加封与提倡是妈祖成为著名海神的历史原因	人们将妈祖视为海神加以崇拜，是从民间开始，而以巫觋为核心传播开来，在民族中传承下来，进而在朝廷官吏中传播
	助漕运		妈祖到元代得以迅速传播，除航海原因外，还以元代漕运改为海路有关，妈祖信仰逐渐扩大，从东南沿海扩大到北方京津地区，妈祖信仰已为中央王朝所承认
雨水之神	求雨	我国为农业大国，雨水不仅是饮食之源，也是从事农业生产不可缺少的条件，沿海地区也把主宰海事活动的妈祖视为司雨之神	从历史看，巫觋都是求雨的主祭者，妈祖既然生前为巫，死后为神，自然与雨水有难解之缘
	祈晴		

---

① 王采苹：《妈祖信仰》，http://iir.nccu.edu.tw/liusunchi。

（续表）

事项		动因	历史背景
雨水之神	钱塘修堤	钱塘江畔，潮水凶猛，不断冲击海岸附近的农田，人们修堤以防之。但潮水大、工程难，进展缓慢，后来在妈祖的帮助下，才顺利完工	潮水由潮神支配，而潮神是海神的扩大
生育之神	求子	中国自古以来就重视生育，不断繁衍人口，因此有种种生育之神	妈祖本为巫女，未婚未育，自然不会主宰生育，但求育乃是巫女重要活动之一，这是把生育与妈祖联系起来的最初原因
	驱疫	疾病是对人类的一大威胁，古今中外无一例外，对沿海居民也是如此	故妈祖成为当地生命保护神，必有驱疫作用
战神	镇压义军	战争是阶级社会的产物，是常见的社会现象，古代战争不仅是人力、物力、财力之争，也往往利用宗教和巫术	起义是真实的历史事件，有些是著名的农民起义，有些是地方土匪或海盗作乱，这些事本与妈祖无涉，但历代统治者为标榜自己替天行道，往往把自己征伐镇压视为妈祖神助，借以麻痹群众
	抵御外敌		自宋代以来，中央王朝受到外敌侵扰，较大的事件是"金人南侵""倭寇之患"，也把妈祖搬入军事舞台

二、妈祖信俗的性质与功能

妈祖信俗渊源于中国古代民间乃至官方的海洋神灵信仰，自宋代开始在福建湄洲出现并迅速通过航海、移民等途径在海内外传播普及，以女性航海保护神妈祖崇拜和祭祀为载体，衍生发展成为多种文化因素融汇、演变形成了一种普遍的民俗信仰文化，后因其"护佑朝廷使臣"海路转危为安之"功"奏闻朝廷，遂被皇帝褒封，列为国家祀典，自此经宋、元、明、清历朝，封祀愈发隆重，成为我国"国家级"重要的海洋信仰文化形态。

妈祖文化是一个多层次、多元化的文化复合体。人们通过传说她生前许多拯救海难、降妖伏怪、治病救人、除水患、祈雨造福人民的"威灵显力"故事,赋予了她慈悲为怀、扬善去恶、扶危济困、济世救人、护国庇民、可敬可亲的女神形象,并加之以崇高精神与高尚品德。妈祖信仰的精神内涵体现了中华民族的传统美德,是中国传统文化不可分割的重要内涵。

妈祖文化通过精神崇拜、宫庙建筑、祭祀礼仪、口碑传说、庙会运营、诗词文章、戏曲搬演等,形成民众信仰与心理生活的风俗习惯,并通过历代统治者对妈祖的褒封提升其规格,扩大其影响。因而在海上交通、对外关系、抗倭灭盗、抗灾祛病,乃至娶妻生子、入学升官、生意发财、凝聚乡情族缘等上至国家、下至民间无所不包的政治经济、社会文化和文学艺术生活各个领域,都体现、渗透着妈祖文化的因子,使之成为一种强大的国家、民族的向心凝聚力量。长期以来成为全球华人心向祖国、注重族缘乡缘和故国情怀、保持全球中华民族凝聚力的重要精神纽带。

历代政治家、思想家和文学家都十分重视发挥妈祖的教化功能、向善功能、社会凝聚与和谐功能,希望使这一广泛、普遍的精神信仰成为促进国家昌盛、民族团结、民生富饶的推动力。妈祖信仰在国家和民间建构的中外海洋交通网络中,通过政治文化交往、经济贸易交流、移民社会分布,广泛传播扩散并生根传承在东南亚、东亚的中华文化圈中,并在近代传播生根在欧美华人社会中。对于历代海洋社会生活、海洋经济贸易、对外文化交流、国家疆域统辖、海内外移民发展等中国社会、经济、政治、文化面向海洋的发展,对于国家统一、民族认同、人心向善、社会和谐、文化传承,都起到了无可替代的巨大作用。妈祖文化无疑是中华民族优秀的文化遗产。

妈祖信仰的现代社会功能至少体现在以下几个方面。

妈祖文化在增进民族感情、增强民族凝聚力与亲和力上有不可替代的作用。首先,它在促进海峡两岸同胞的情感交流上表现尤为明显。如在当前两岸政治分裂日趋严峻的情势下，妈祖文化成为两岸交流最大的共同点之一，也是那些鼓吹以文化"台独"推动政治"台独"者一个难以逾越的障碍。因为民进党的势力主要在台湾中南部的所谓草根族群，而这个族群也是妈祖信仰底蕴最深厚的群体。因此，尽管台湾当局一再"告诫"妈祖信众要警惕中共利用妈祖统战，并采取许多相应对策和限制措施，但仍未阻挡住涌向湄洲朝圣的人潮。其次，妈祖文化在海外华侨、华人中也同样具有民族认同感的象征。如印度尼西亚，在军政权统治时期，妈祖信仰被彻底取缔，等到民选政府调整华裔政策后，妈祖庙又纷纷修复起来，东南亚其他国家也经历过类似的情况。近年来，在澳洲、中南美洲、南非等华裔新社区，也出现以兴建妈祖庙作为弘扬民族文化、增强华裔团结的载体的现象。

妈祖文化对促进文化遗产和文物的保护与利用也有明显的成效。妈祖文化遗产丰富，历史文物琳琅满目。近年来，随着妈祖文化宣传的普及和深化，全国各地已逐渐重视相关文物的保护与利用。如国务院已公布泉州、锦州、宁波三座天后宫为全国重点文物保护单位，各省市政府也先后公布15处省级文物保护单位，县区级文物保护单位则达100多处。

妈祖文化是开发旅游经济的一个新热点。在福建、天津、澳门的带动下，许多地区正在或酝酿举办规模不等的妈祖文化旅游节。至于已修复的妈祖庙，皆已成为各地旅游资源的重要卖点。有的学者建议，国家旅游部门要进一步研讨开辟国内及海外联组的妈祖文化旅游和考察专线；有的建议中华妈祖文化交流协会要研究由各地轮流举办妈祖国际文化艺术节，以促进广泛发掘妈祖文化艺术的内涵，使之升华为独特的文化艺术体系。①

---

① 蒋维锬：《妈祖文化热的再认识》，《东南学术》2004年第1期（增刊）。

第五章 海洋"淫祀":民间社会的心灵慰藉

中国沿海传统的民间信仰呈现着广泛的"淫祀"现象，见神就拜，有灵就求，是海洋民间社会传统的普遍心理诉求。尽管现代科学发达，消解了许多神灵的神圣性，但祈求平安、幸福、吉祥，即使在现代社会也依然有其心理上的作用。在海洋民俗信仰中，既有影响广泛普遍的妈祖海神娘娘、大大小小的龙王及其他区域性小海神，还有与海洋现象和捕捞生活环境相关的众多信仰神灵，如潮神、船神、网神、礁神、鱼神、岛神等，不一而足。

中国海洋社会的民俗信仰，既是面向海洋生活的实用的教科书，又是引导人心向善、趋利避害、追求人生和谐平安吉祥、抚平心灵创伤的传世良方。

第一节　海洋"淫祀"神灵

一、鱼神

鱼神是渔民信奉的神灵。渔民以打鱼为业，打的鱼多，渔获量大，即是丰收，即是"发财"，他们相信，海中大鱼即是鱼神。敬了鱼神，打鱼就会逢上鱼汛，就会赶上鱼群，就会丰收发财。山东沿海所信奉的海神，俗称"老人家""老赵""赶鱼郎"等，其实是位鱼神，即鲸鱼。鲸鱼能逐鱼入网，故称"赶鱼郎"。鱼丰即发财，又称"老赵"，意谓财神赵公元帅。"老人家"又是对"老赵"的敬称。渔民们对"老赵"的信仰形式表现在许多方面。如渔民在岸上见到鲸鱼游行海中，称之为"过龙兵"，视为吉兆，要烧香焚纸遥望祭拜；如在海中遇到鲸鱼，要先往水中撒米，再由船老大率全体船员烧香焚纸，口称"老人家"，并向之跪拜祷祝。舟山渔民将鲸鱼称为"乌耕将军"，看到"乌耕"露面，就意味着鱼群将至。浙南玉环、洞头一带的渔民，将每年三月开春时看见的第一条浮出海面的大鱼奉为海神，对之举行祭祀。

二、潮神

潮神是区域性很强的一位神灵，主要由吴越文化区的江浙一带沿海民间所信奉，后又逐渐传播到福建沿海民间。潮神神主为伍子胥。伍子胥（？—前484），原是吴王夫差的大臣，死后被奉祀为潮神。《楚辞·九章·涉江》："伍子逢殃兮。"王逸注："伍子，伍子胥也，为吴王夫差臣，谏令伐越，夫差不听，遂赐剑而自杀。"东汉时，有关伍子胥冤魂驱水为涛的传说流传相当广泛，见《越绝书》卷十四、《吴越春秋》卷五等。王充在《论衡·书虚篇》中谈到潮汐时，也提到伍子胥驱水为涛的传说及当时立庙祭祀的情况："今时会稽丹徒大江、钱塘浙江，皆立子胥庙，盖欲慰其恨心，止其猛涛也。"唐末五代杜光庭《录异记》卷七记其事云："伍子胥累谏吴王，忤旨，赐属镂剑而死。临终戒其子曰：悬吾首于南门，以观越兵来伐吴；以鲛鱼皮裹吾尸，投于江中，吾当朝暮乘潮，以观吴之败。自是海门山潮头汹涌，高数百尺，越钱塘，过鱼浦，方渐低小。朝暮再来，其声震怒，雷奔电激，闻百余里。时有见子胥乘素车白马，在潮头之中，因立庙以祀焉。"最初的祭祀地点在会稽，隋朝开皇十四年（594）闰十月，隋文帝下诏，于会稽县界近海立东海神祠①。唐代祀东海于莱州（今山东莱州）②，而自唐以降，杭州湾祭祀潮神的中心区域由浙东会稽转移至杭州，对杭州城南吴山的伍公庙重视有加。唐中宗（705—710）时毁吴楚淫祠1700余所，只保留伍公祠及夏禹等四祠。唐昭宗景福二年（893）封伍公为惠广侯，乾宁二年（895）又封惠应侯，四年（897）再封吴安王。此后历朝历代累累加封。③唐宋之后，伍子胥庙遍布江浙一带沿江沿海，祭祀日久，伍子胥被许多地方百姓传为"五髭须"。《唐国史补》载："为伍员庙之神像者，五分其髯，谓之五髭须神。""如此皆吉，有灵者多矣。"潮汕的潮神是俗称水父、水母的神灵。④

---

① 《隋书》卷七《礼仪志二》。
② 《旧唐书》卷二十四《礼仪四》。
③ 《吴山伍公庙志》卷一《历代褒封祀典》，载《四时幽赏录（外十种）》，上海古籍出版社，1999年。
④ 参见王荣国：《海洋神灵》，江西高校出版社，2003年。

三、港神

港神即海港之神,职司港道安全。据《八闽通志》卷一二《地理·山川》福安县"甘棠港"条所记,福建的"甘棠港"原名"黄崎港","先有巨石为舟楫之患,唐观察使王审知祷于海灵,一夕震雷,暴雨达旦,则移其艰险,别注平流。闽人以审知德政所致,表请赐今名,封其港之神为显应侯"。《闽书》卷三一《方域志》福安县"甘棠港"条亦记:"有巨石梗舟。王审知就祷海灵,夜梦金甲神,自称吴安王,许助开凿;因命判官刘山甫往祭。终祭,海中灵怪毕出。山甫凭高视之,风雷暴兴,见一物,非鱼非龙,鳞黄鬣赤。凡三日夜,风雷始息,已别开一港,甚便舟楫。闽人以审知德政所致,表请赐今名,封港神为显应侯。"如此一类的港神,神形为海洋灵怪之属,沿海其他地方也有。在唐代,山东荣成赤山石岛一带渔民信奉的赤山明神是石岛湾一带的海上守护神,此信仰还由日本入唐的圆仁法师东渡归国时传播到了日本。元代,今荣成上庄镇沿海有千八港,据清代《废铎呓》记载,近港有黄华山,上有黄华庙,庙内祀奉黄华大王,就是护佑千步港(古记为"千八港")一带海域的海神。元代千八港黄华庙石碑今已发现。而在荣成成山头一带,渔家则更信奉"始皇老爷",据《废铎呓》记载:"凡闽、广巨船至,止则登山焚香祈佑,称之曰始皇老爷。"始皇行宫遗址今存,建有始皇庙。这些相继出现的众多的港口神,实际上也是一些地方性海域的保护神。

四、船神

船神,在中国东南沿海一带俗称"船老爷""船菩萨"。在嵊泗列岛俗称"船关老爷"。船神有男的,如鲁班,因他是造船的祖师爷;有关羽,因他刚毅勇猛,受到渔夫尊敬;也有杨甫老大,是个捕鱼能手;还有女的,如妈祖、观音等。船上有"圣堂"舱,专供船神。

五、礁神

东南沿海,尤其是舟山群岛海域中有许多礁群,礁石或林立于海面,或潜伏于水下。过往船只一有不慎,即或有触礁危险,民间遂生礁神崇拜。舟山嵊泗大洋山岛有圣姑礁,礁上有庙,供祀"圣姑娘娘"。圣姑娘娘即是一位礁神。渔船来往过礁,必登礁祭祀,以免在附近海域有触礁、破网等事故发生。民间相传,圣姑娘娘是位海上巡行娘娘,每逢大雾天和风暴天,娘娘会在诸礁之间提灯巡行,如同现在的灯塔,为海上航行的船员和渔民指明方位和航向,转危为安,化凶呈祥。

六、海中灵怪信仰

在中国民间海洋信仰中,各地都有一些关于海体海水的信仰,关于海岛岩礁由来的信仰,关于渔船渔具的信仰,关于海洋水族动物的信仰,关于海中精灵的信仰,关于著名涉海人物的信仰以及关于海上仙山灵物的信仰等,在沿海尤其是岛屿地区民间社会广泛传承。传承的方式主要是故事传说,大多充满神圣感、神秘感,不少也有恐怖感和敬畏感。对于后者,旧时沿海、海岛渔村多有小庙祭祀之。

七、狐仙

狐仙之类,平日在人们眼中似乎与海事无缘,但在沿海不少渔村也被奉为海神。如山东龙口屺姆岛村,渔民普遍信狐仙太爷,视狐仙太爷为海上保护神。海上遇风浪,向狐仙太爷祈祷许愿,祈蒙保佑,安全回航后要到庙里还愿,放鞭炮。庙中狐仙太爷塑像为一白胡子老者,红光满面。据岛上渔民称,附近的桑岛、长山岛一带,每年出海都死不少人,而屺姆岛却很少有出海遇难的,他们认为全仗狐仙太爷的保佑。[①]值得注意的是,

---

① 彭文新:《屺姆岛村民俗文化调查》,《民间文学论坛》1989年第5期。

《黄县志》云，屺姆岛"早先信仰海龙王，后狐仙取而代之。其原因是狐仙即为九尾狐"，似可解释个中缘由。在中国神话传说中，九尾狐是治水大禹（也被信仰为海神之一）的妻子。《吴越春秋·越王无余外传》记载："禹三十未娶，行到涂山，恐时之暮，失其制度，乃辞云：'吾娶也，必有应矣。'乃有白狐九尾造于禹。禹曰：'白者吾之服也，其九尾者，王者之证也。'涂山之歌曰：'绥绥白狐，九尾庞庞。我家嘉夷，来宾为王。成家成室，我造彼昌……'禹因娶涂山，谓之女娇。"后世九尾狐被神化，成为民间崇拜对象。

八、盐神

盐作为人体必需的物质，很早就为人们所认识和利用。人们在认识海盐、开发海盐的历程中，那些与海盐的生产管理有关的重要人物，往往被赋予神化的色彩。先秦时期的宿沙氏和管仲便是其中被神化的人物——盐神。

"古者夙沙初鬻海盐"[①]。鬻，即煮。首创煮海为盐的"夙沙"，应该是人工盐在中国的创始者。

"夙沙"亦作"宿沙"。张澍辑《世本·补注》记："《北堂书钞》引《世本》云：'夙沙氏始煮海为盐。夙沙，黄帝臣。'"《渊鉴类函》卷三九一《盐三·煮海》注，称夙沙为黄帝轩辕氏的"诸侯"，"始以海水煮乳，煎以成盐，其有青、黄、白、黑、紫五样。盐之作，自此始"。

《太平御览》卷八六五引《世本》称："夙沙作煮盐。"下有注云："宿沙卫，齐灵公臣。齐滨海，故（宿沙）卫为鱼盐之利。"

综上所述，这个在远古或上古时期就居住在山东半岛上的"夙沙氏"，长期与海为邻，首创煮海为盐是理所当然的。直至春秋中期，人们一提到夙沙部落，总把他们和"鱼盐之利"联系在一起。虽然有关夙沙氏

---

① 《说文解字》段玉裁注。

的记载矛盾很多,但有两点是明确的:第一,夙沙部落是一个长期居住在山东半岛上的古老部落,和传说中洪荒时期的炎帝部落有密切的联系;第二,夙沙部落长期与海为邻,不仅首创了煮海为盐,而且大概在商、周之际,就已在当地推广和普及煮盐。正因为如此,夙沙氏被后世尊崇为"盐宗",修建有专为祭祀"盐宗"的庙宇。《太平寰宇记》卷四六引用吕忱的话说,"宿沙氏煮海,谓之'盐宗',尊之也。以其滋润生人,可得置祠"。直至清同治年间,盐运使乔松年在泰州修建"盐宗庙",庙中供奉在主位的"盐宗"就是煮海为盐的夙沙氏,而把商周之际贩运卤盐的胶鬲、春秋时在齐国实行"食盐官营"的管仲,置于陪祭地位。①

此外,龙王也是沿海盐场民间社会群信仰的重要神灵之一。元人樊恩徵曾记录山东利津一带盐场崇拜龙王、祈祷神灵等活动,并分析如此的因果缘由:"夫军国之需,盐贡是尚,凡兴作煎办,必借是神之佑,莫不备香火、割牲酾酒以点奠……由是乞潮,则滩场生盐。"②

由于盐业的从业者既包括盐工、盐商,又包括盐官、运吏,还有不少为盐业提供原、燃材料者,所以盐神信仰在各地盐业从业社群中十分芜杂,既有帝王敕封的,又有盐业从业者敬奉而立的。这都是根据造神者自己的需要和利益,构筑在心灵世界中的精神寄托,并外化为祭祀与传说。③

九、龙王崇拜

龙王信仰崇拜在中国沿海各地,从南到北,十分普遍。这里集中来看北方环渤海湾区域的龙王爷崇拜。

在环渤海沿岸的很多地方,民间信仰最为普遍的海神中,人们甚至不

---

① 郭正忠主编:《中国盐业史》(古代编),人民出版社,1997年,第19～22页;宋良曦:《中国盐业的行业偶像与神祇》,《盐业史研究》1998年第2期。
② 康熙十二年《利津县新志》卷十《艺文》载樊恩徵《重修龙王庙记》。
③ 宋良曦:《中国盐业的行业偶像与神祇》,《盐业史研究》1998年第2期。

知道海神娘娘，却知道龙王爷；即使不祭祀海神娘娘，也要祭祀龙王爷。海神娘娘庙并非在沿海渔村村村都有，但龙王庙却在环渤海尤其是长岛群岛中的村村镇镇，或大或小，或新或旧，随处可见。尽管龙王爷信仰与海神娘娘信仰（南方多称之为妈祖，北方多称之为天后）在功能上互有共通和交叉，但一般而论，龙王爷信仰主要是渔民社会的信仰，海神娘娘（即"妈祖"或"天后"）信仰是海商社会的信仰。

龙王爷作为海神信仰，与龙王爷同时也是河神的信仰密切相关。环渤海有多条大河入海，尤其是黄河入海，使河与海相通的地理联结造成了民俗文化包括民俗信仰的密不可分。通过作为渤海湾和莱州湾分界线的黄河入海口（加上历史上黄河多次改道、京杭大运河及历史上的漕运航道），作为海神的龙王信仰，与作为河神的龙王信仰也联结在一起了。

关于黄河水神，见诸史籍记载的，最早的一位是河伯。河伯之名，史籍上记载有"冰夷""冯夷""无夷"等。原是黄河自然崇拜，后渐渐变成人格化水神。《山海经·海内北经》："冰夷人面，乘两龙。"张守节《史记正义》："河伯本水鸟……以声类求之，当即鹲鹗。"《酉阳杂俎》记为："人面鱼身。"《搜神记》记载："弘农冯夷，华阴潼乡堤首人也。以八月上庚日渡河，溺死。天帝署为河伯。"

由于大禹治水传说深入人心，人们有时也把大禹当作黄河水神来敬奉。河南武陟县嘉应观，最高的建筑就是禹王阁，内塑禹王像，登阁可见黄河。开封城东南禹王台，建有禹王殿，供奉禹王铜像。济南龙洞山，旧名禹登山，传为大禹治水登临处。

黄河下游，龙王信仰特别普遍。民间信仰中，龙王主水旱丰歉，天旱向龙王求雨，至为灵验。在不少渡口，船工也将龙王当河神崇拜。在民间信仰中，由于河中龙王与海中龙王是相通的，故沿黄河人家宴客，鱼菜上桌，往往讲究"鱼头朝东"，俗谓之"鱼归大海见龙王"。

在民间，龙王是谁，往往没有统一的说法，各地所崇信的大多是一些历史上治水有功的官员和河兵因被人们感戴而升格为河神的,他们往往被敬奉为"大王"或"将军"。有不少影响大的还被当地官员奏请朝廷,因而受到皇帝的敕封。成书于清光绪七年(1881)、由当时的河督使者李鹤年作序,光绪十五年(1889)再版、由朱寿镛作序,民国四年(1915)重印、由河南河防局局长吕耀卿作序的《敕封大王将军纪略》一书,列有6位这样的"大王"和65位"将军"的名字与封号,以及他们原型的"史实"和民间口传资料。这6位"大王"是:

显佑通济昭灵效顺广利安民惠孚普运护国孚泽绥疆敷仁保康赞诩宣诚灵感辅化襄猷博靖德庇傅佑金龙四大王;

灵佑襄济显惠赞顺护国普利昭应孚泽绥靖博化保民诚感黄大王;

佑安广济显应绥靖昭感护国孚惠灵庇助顺永宁侯朱大王;

诚孚显佑威显栗大王;

显应宋大王;

永济灵感显应昭孚昭宣白大王。

65位将军(或称"公""河神")是:

统理河道翼运通济显应昭灵普顺安流衍泽显佑赞顺护国灵应昭显普佑陈九龙将军;

管理河道镇海威远金华将军灵应孚惠护国显佑昭应曹将军;

管理江河翼运平浪灵伯赞顺斩龙杨四将军;

管理河道水府灵通广济显应英佑侯萧公;

管理河道显灵平浪侯晏公;

管理河道孚惠黎河神;

管理河道涌水顺风柳将军;

管理河道填埽闭塞党将军；

管理河道涌浪分水刘将军；

…………

这些"大王""将军"，大多淫祀于明清之际。这一时期京杭大运河是南北漕运的主要通道，因而黄河水神也大多是运河的河神。这些河神，尤其是黄河、运河下游的河神，有许多与海神信仰相通。有些原本既被信仰为海神，又被信仰为河神。如地处黄河口的山东利津县、垦利区等地方，旧时船工信奉的水神，其中就有一位叫做"小圣"的，各船皆在船长舱中设神阁供奉小圣，为泥塑神像，每餐都敬头碗饭。黄河口六河口地方旧有小圣庙，有庙会。李志强《中国北方俚曲俗情》中记天津河东盐蛇旧有小圣庙。《长芦盐法志》载："小圣，海神也，旧有庙在河西，封平浪元侯。每年五月初旬，游人倾城而至。二月二十一、二、三日，有胜会，闺人咸集津门，妇女戴七星花，以通草为之。"黄河口旧时的大港在山东利津县城东关，这里的船上溯可至河南、山西，出黄河口则经常驶往烟台、天津等地，很可能是航行到天津的船只将小圣神"引进"到了黄河口地区，成了黄河入海口地方的一位水神。这神灵由海上到天津，又过海到了山东，他的"原籍"身世到今天反不易查明了。黄河口地区的船工与渔民，由于经常出河口而入于大海，因此他们除了崇信河神以外，与南北航海者一样，还普遍信奉海神娘娘（天后），也与沿海的人一样世代相传着危难时娘娘送灯的神话故事。这一点与沿海的船工、渔民相同，而与只在黄河中航行的人不同。[①]

在渤海南岸的山东莱州市金城镇石虎嘴村，紧靠海岸，渔民既信仰龙王，又信仰海神娘娘。那时出海的人为祈求平安，都在较大的渔船、客船上设有单舱，供奉着海神娘娘的铜像，出海的人在船上，天天在像前烧香

[①] 见山曼：《流动的传统——一条大河的文化印迹》，浙江人民出版社，2001年。

跪拜，特别是在海上起风浪的时候更是如此。大约在一百多年前，当地人又由商会牵头，到各个商号收钱，修建了一座富丽堂皇的龙王庙，庙内有龙王、夜叉、虾精、鱼精等塑像，庙外悬挂一上书"协天大帝"的旗帜，庙内香火旺盛，跪拜的人嘴里念念有词。当地人还把每年的阴历四月初四至初六定为庙会，每到庙会，都有几个膀大腰圆的汉子抬着一张大方桌，上面是宰杀好的猪羊，到龙王庙里祭祀。他们还请来两三个戏班，搭起两三个台子，同时演唱不同的戏，一连唱三天。龙口、招远、莱州等地来赶庙会的人多达上万。该龙王庙拆于1946年。

在渤海北岸的大连旅顺口一带，沿海渔民至今仍于每年农历六月十三日过"海龙王生日节"。传说农历六月十三日是海龙王诞辰。早上渔民们换上新衣欢聚海滩，在锣鼓唢呐声中载歌载舞。一些壮汉将数头扎着大红大绿彩带的"全猪""全羊"抬到海边，另摆放些鸡蛋、白菜、粉条、馒头、西瓜等物，以此作为龙王爷生日供品，由老者率众青壮年在供品前下跪叩首，举行烧香焚纸钱祭酒仪式。然后渔民们登船出港，在海面上燃放鞭炮。临近中午时分，渔民们以家庭为单位在船舱甲板上摆上宴席，不分尊长老幼，大碗喝酒，大块吃肉，同享龙王爷生日供品。

在我国漫长逶迤的海岸线和分布众多的海湾海口、海中岛屿上，世世代代生活着以渔业为主或渔农兼营的区域社会。他们希冀海洋能够使他们渔业丰收，出海即能够平平安安，归来能够渔获满舱，兼营的农作能够风调雨顺，五谷丰登，平安幸福。他们把他们的希冀一方面付之于自己的劳动，一方面寄托于神灵的保佑。他们创造和信仰传承的一个个神灵，不只有被国家认可、成为国家祭祀的主要神灵如"四海海神"中的东海海神，还有更多在茫茫大海中若隐若现，神秘而威严，似乎无所不在且无所不管、无所不能的地方性"土著"海神、陆神——也就是海陆兼神——各地方有名有姓的"龙王"。于是在海边，在村头，在山上，在沿海各地，几乎无处不有属于地方自己的"龙王庙"，享用着各村各镇渔业或渔农兼营社会的香火。随着近现代尤其是现代城市化、工业化时代的到来，科学大兴，被告知万能，不断打碎着他们信仰的心灵，但在纵使科学"最为发达"的西方世界也至今依然宗教盛行，沿海和海岛渔民社会那些信仰的碎片，依然在"顽固"地传承。

在山东半岛沿海和海岛地区，渔民祭祀龙王最隆重的日子莫过于每年春节冬闲时节、每年开春鱼汛到来时节、每年鱼汛过后夏季休渔时节。

春节冬闲时节，人们过年忘不了祭祀龙王，于是就给龙王安排成正月某日生日。位处胶州湾东北沿海的城阳河套一带，给龙王"安排"的生日是农历正月初十。人们信奉正月初十是龙王生日，正月十二是大海生日。如此安排，应是出于对龙王崇拜祭祀的隆重性和持续性的考虑。每当正月初十龙王生日，渔民便到龙王庙挂幡帐，摆三牲（猪、羊、牛，也简便为猪、羊、鱼或猪头、鸡、鱼），烧香、燃纸、叩头、放鞭炮。正月十二大海生日，则举行隆重的祭海活动。有的以单船为单位，有的数船联合，活动内容与祭龙王相同，以此祈求一年里风平浪静，鱼虾满舱，平安吉祥。

十、仙姑・娘娘崇拜

尽管现在学者们大多认为全国各地和海外华人社会传承信仰、历代建立的"天妃庙""天后宫"所祭祀的女海神都是"妈祖"（北方称"娘娘"），但事实上只要深入民间社会仔细调查就会发现，在各地的传说中，关于海神"妈祖""娘娘"究竟姓甚名谁，来自何方，人们并不清楚，说法多样。在山东沿海和海岛地区的民众信仰中，就有很多说法，有传说她是东海海神之女的，也有说她是仙姑的，还有说是其他姓张、姓李等不同的女神"娘娘"的。即使庙岛上的显应宫，据元人刘尊鲁《漠岛记》所述，当时"庙曰灵祥"，"神曰显应神妃"，就"耆民相传为东海广德王第七女"，可见并非南方传来的妈祖"林姑娘"。

另如威海流行着的仙姑信仰，该仙姑一说姓郭，一说为麻姑，其事迹之一也是协助行船者平安脱险。据描述：宋辽时期，"辽国人在海中迷失了方向，在迷茫之中，突然有一灵光在仙姑顶显现，指引他们找到了生路。他们回国后，将这一奇迹大为宣扬，被国王所知晓，又派他们来此祭祀仙姑，并为国王和王后祈福，并立碑纪念"①。

此外，"孙仙姑"是即墨田横镇周戈庄祭海时祭祀的五大神灵之一。相传其生于 20 世纪 20 年代，1941 年去世，生前一直未婚。据传其死去的那年，一艘大渔船将遇海难的前夜，船老大梦见孙姑娘指点迷津。梦醒后，船老大按孙姑娘所说避开了海难。于是，一传十十传百，当地渔民便将孙姑娘奉为保护渔民、渔船安全的仙姑。②

随着海神娘娘信仰的日益兴盛，海神娘娘的"职能"也不断扩展。除了航海安全以外，不论是渔业丰歉、祛病消灾，还是生儿育女、男女婚配等，都被纳入其管辖范围之内，可以说，沿海百姓遇事均可求助于海神娘娘。

我国沿海、海岛凡主要航海码头、重要渔港，甚至较大的渔村都建有天后宫，南方叫做"妈祖庙"，北方俗称"娘娘庙"。小的渔村、海岛上没有天后宫娘娘庙，人们就在村子路边，用三块石板搭个小庙，俗称"三块庙"。小庙虽小，人们同样奉若神明，一般情况下，没人敢去毁坏它③。这些大大小小的宫庙的神主是谁，并不重要，重要的是求告"她们"是不是"灵应"。只要"灵应"，就会香火不断。

沿海各地因港口商埠众多，叫天妃宫、天后宫、娘娘庙、海神庙、海庙的，各不尽相同，其主祀的神灵是谁，也难以深究。仅山东半岛青岛地

---

① 朱君之、叶涛：《威海望岛仙姑庙与仙姑顶庙会考察记》，《民俗研究》1994 年第 1 期。

② 郭泮溪、安玉华：《即墨周戈庄祭海习俗调查》，《民间文学论坛》1998 年第 4 期，第 72 页。

③ 叶涛：《海神、海神信仰与祭祀仪式——山东沿海渔民的海神信仰与祭祀仪式调查》，《民俗研究》2002 年第 3 期。

区的胶州湾内沿岸，天后宫、海庙等遗存就有十多处。除青岛天后宫等较大的之外，其他如：

1. 沧口天后宫

在胶州湾内的沧口港，有港口市镇，与省内及江淮其他海港通航。随着闽、浙海船的到来，下街建了天妃宫，清代改称天后宫，院内有两株银杏，有两抱多粗，至清末还"枝干虬曲，浓荫覆地"，宫旁有土地庙。

2. 沙子口海庙

沙子口是崂山南部的一个渔港兼商埠，明代崇祯年间建"沧海观"，由全真华山派道士主持，东殿祀龙王，西殿祀"三官大帝"，俗称"海庙"。清咸丰十一年（1861）在龙王庙殿后加建了神殿祀娘娘，也称天后宫。现代以来，龙王殿、天官殿、娘娘殿均被破坏，今重建，合为一个殿堂。

3. 胶州天后宫

胶州天后宫位于胶州城区东关大街，始建年代无考。据清道光、同治两朝修订的《胶州志》和民国初年编撰的《续修胶州志》，康熙六十一年（1722）和光绪十四年（1888）分别由时任知州对天后宫组织过重修。道光年间刊刻的《胶州直隶州关厢建置开方图》，对天后宫的位置也有标示。德国租借青岛后，时任法官贝麦游历胶州，1904年与克里格合著《青岛及其近郊导游》，对天后宫庙宇作有介绍。天后宫山门为传统三间开建筑，正门上方有"天后行宫"竖匾。山门前原有高大牌楼，正面题字"威震咸孚"，背面题字"海不扬波"。天后正殿为五间大殿，内奉天后娘娘塑像，梁上悬挂"愿船"数艘，上有许愿商贾姓名。正殿两侧有二层厢房，院中筑有戏台。每年盂兰盆会时，天后宫戏台上连唱多场大戏，有时在庙门外再扎一座戏台，两台戏对唱，可见香火之盛，影响之大。时有

"天后宫街"街名。自青岛近代港口兴建，胶州湾内港海运日渐衰落，天后宫亦年久失修，日渐冷落为荒蓬野寺，最终废弃。但其大殿两侧立柱之上原有的一对楹联，虽读上去不无拗口，却以同字谐音异音异义，平仄协调，言简意深，饶有趣味，与山海关孟姜女庙楹联略异二字[①]，可同视为中华楹联经典："海水朝朝朝朝朝朝朝落；波浪长长长长长长长消"，有多种读法，常见为："海水潮，朝朝潮，朝潮朝落；波浪长，长长涨，长涨长消。"横匾是"碧海青天"。

4. 女姑口天后宫

女姑口在胶州湾东岸，即今青岛市区北部。女姑口天后宫建在女姑口村南的女姑山上，清代东海关分关，关址即在庙旁。当年的女姑口港一片繁忙景象，商贾云集，商船、渔船进进出出，天后宫香火极盛。青岛博物馆存有当年女姑口天后宫的庙碑。

5. 金口天后宫

金口天后宫，据清嘉庆元年（1796）所立《庙田碑记》载，建于清乾隆三十三年（1768），祀"天后圣母"。建筑群分前屋、后屋、东厢、西厢、钟楼、鼓楼和戏楼七部分，其规模之大，建筑之精美，在山东沿海的几十个天后宫中当数第一。天后宫分行宫和寝宫，配以厢房，青砖绿瓦，雕梁画栋，四角飞檐。宫门悬"沧海慈云"匾。大院正门有戏楼，两侧有钟楼、鼓楼。寝宫有圣母卧像。现庙宇建筑虽经整修，但大殿基本保持原貌。[②]

金口港之商贸繁盛程度可见前述，其天后宫及其庙会当年的盛况是可

---

① 山海关孟姜女庙楹联为"海水朝朝朝朝朝朝朝落；浮云长长长长长长长消"，常见读法为："海水潮，朝朝潮，朝潮朝落；浮云涨，长长涨，长涨长消。"
② 鲁勇：《青岛的天后宫》，《半岛都市报》2010年10月18日。

以想见的。如今每年农历的正月十六日、三月二十三日、九月九日逢庙会之时，依然香客络绎不绝，香火不断。但当年的盛况，已难以重现。

如上这些天后宫及其所在的港口商埠的形成，都是古代至近代大帆船航海贸易的产物。近代以降，自西方侵略中国，打乱了中国海洋文化包括航海贸易文化的自然进程，无论是由于受制于西洋人的"被迫"，还是由于主导于洋务派的"自觉"，国内外航海贸易的工具——船变了，港口也就变了，港埠—城市也就变了，包括山东半岛沿海的港埠—城市，都是起自这样的"变型"而来的。但传统的港口商埠—城市文化的"基因"还在，成为有形的和无形的遗产。

第二节 民间社会的"祭海"庙会

中国沿海各地和岛屿地区海民社会最看重的节日,除了与内陆地区一样普遍的春节、中秋等"常节"之外,还有其独特的、隆重的祭海节会,各地各有其名,多以"祭海节"称之;因其多依托于庙宇,也统称为庙会。

中国传统海洋社会民俗信仰崇拜的程式化表现,就是祭海。祭海是沿海各地及各岛屿海民社会最为重要的民俗事项。由于各地信仰的大同小异,所祭祀的海洋神灵也大同小异;而各地由于沿海与岛屿的不尽相同,历史文化演进的轨迹不尽相同,海洋神灵信仰的传承渠道不尽相同,因而又在祭海的内容与仪式上于大同小异中表现出了各自不尽相同的特点和特色。

祭海,即沿海各地及各岛屿海民社会对海神、海中水族及精灵、打鱼人和跑船人的亡灵等进行的祭祀活动,是海洋信仰文化的主要形式之一[①]。祭海举行的时间,一般都是春季鱼汛来临、开始出海捕鱼、休渔收网,以及民间信仰中海洋神灵的诞日、升天日等纪念性日子。渤海南岸的山东半岛,大多为谷雨前后鱼汛来临、开始出海捕鱼时祭海。每年最早的鱼汛来临,开始出海捕鱼,中国南方沿海也叫"开渔",因而南方沿海将出海仪式即祭海仪式称之为"开渔节"。

值得注意的是,在当今时代,一方面由于科学知识的普及,海上活动安全系数的提高,另一方面由于海洋污染越来越严重、海上捕鱼量越来越

---

① 曲金良主编:《海洋文化概论》,青岛海洋大学出版社,1999年,第160页。

少,越来越多的人已经转产,改变了生活方式,祭海活动的虔诚程度已经越来越淡化,娱乐成分越来越多了。

祭海活动在我国沿海地区、东亚和东南亚华人华裔社区十分普遍。除祭海龙王、妈祖娘娘之外,还有不少地区祭祀盐神和一些著名的涉海人物如大禹、秦始皇等。还有的涉海民众祭船、祭渔网、祭船桨等,海民们认为这些都有灵魂、灵气,也需要祭祀。这些名目繁多的祭祀活动折射出了古老的海洋神灵观的传承与延续,构成了海洋信仰文化一道奇特的风景线。从南到北的沿海地区民众用各自相似又不尽相同的方式祭海,以表示当地人的那份祈祝之心。如浙江宁波市的象山开渔节、舟山群岛岱山的中国海洋文化节,山东即墨市的周戈庄祭海节、荣成的国际渔民节、蓬莱市的渔灯节、天津的天后庙会等,它们都是基于民间海洋信仰节会活动的较大规模的祭海节会,都寄托着人们祈求出海平安的美好愿望,承载着人们企盼丰收喜庆的美好情怀。

这里举山东半岛、辽东半岛环渤海湾各地规模较大、较隆重的几个"祭海节"例子,以见中国沿海及岛屿各地祭海节会活动之一斑。

一、周戈庄祭海节

"谷雨百鱼上岸"。在山东半岛东南端的青岛地区,沿海渔民历来有祭海的习俗。谷雨前后,气候转暖,春汛来了,渔民们要出海打鱼了,出海前要到龙王庙祭海神,要在海边祭大海,祈求海龙王保佑风调雨顺,祈求海上捕捞人平安,鱼满舱,满载而归。此项民俗活动的规模和影响以即墨周戈庄的祭海节(也叫"上网节")为最大,届时,远近十里八乡的群众都会赶来,既参与祭海,说这儿的祭海最为灵验,又来看热闹,因为这儿的祭海活动就是一次大规模的庙会。旧时往往搭戏台,唱大戏,卖货、杂耍,样样都有,因而远近十里八乡的群众赶来祭海、逛庙会,俗称"望戏"(看戏)。

周戈庄是青岛即墨市田横镇东部的一个沿海渔村，该村东濒黄海，西、南、北三面环山。村有上千余户，近3000口人，大小船只近200艘，世代以打鱼为主业。这里的春季祭海习俗已有四五百年的历史，祭海活动规模庞大，古朴热闹，至今盛行不衰。

"上网"即每年第一次出海，也叫"开洋"。从前，渔船使用漂流网时，"上网"一般选在农历二月二至清明间的某日，该日子由村里的明白人查出哪天是吉日，就在哪天"上网"祭海。现在开始用拖网，在上网前，有的渔民已经出海捕鱼了。但在"上网节"这天，村里所有的船只均不出海，都在家里隆重过节。从1992年开始，镇上确定每年公历3月18日祭海"上网"。到时村里所有出海的人家都到村头的龙王庙里祭祀，到海边摆供，祭祀各种海洋神灵，焚香、磕头、放鞭炮等。

渔民整天在海里打鱼，所以最敬奉海龙王。龙王爷是周戈庄"上网"祭海时主祭的海神。周戈庄村东头海岸边有一龙王庙，里面供奉着泥塑龙王像和赶鱼郎、帐先生二像。过年、"上网"祭海时，村民都要到龙王庙祭祀上供，请愿祷告，祈求平安航行，鱼谷丰收。

除海龙王外，其他受祭祀的神灵还有天老爷、观音老母（观世音菩萨）、四财主（狐仙）、仙姑（孙姓姑娘，传说死后成仙）。天老爷和观世音受渔民祭祀的现象较普遍。而四财主（又称为馋山胡家），据说是一只修炼多年成仙的狐狸。距周戈庄不远的馋山有胡仙洞，相传是四财主修炼和居住的洞府。崂山、即墨一带的居民自古就有崇拜狐仙的习俗，认为狐仙可以致人祸福。当地渔民在每年出海之前，也都要祭祀馋山的狐仙，以求获得它的相助。至于孙姓仙姑，传说她生前聪慧善良，乐于助人，死去的那年，一条打鱼的大船将要遭遇海难，时在晚上，船老大正在睡觉，梦见孙姑娘指点迷津，梦醒后，按照孙姑娘所说的话做，终于避开了海难。于是一传十十传百，当地渔民便将孙姑娘奉为保护渔民舟子安全的仙姑。

祭海所用的供品有三牲：黑毛公猪、红毛公鸡、鲜鲈鱼。黑毛公猪在祭海日的前一天宰杀。宰杀后，先用气筒给猪充气，使猪全身膨胀滚圆，再用热水烫泡猪身，以便将鬃毛刮掉，只留猪脖子上的一撮黑毛（代表该猪是带黑毛的全猪），掏空猪腹内的五脏，将猪捆绑在矮桌上，然后装饰它：把红绸布打结而成的红花带披戴在猪头和猪脖子上，在猪嘴里插上花束，然后用清洗好的猪肠油膜（俗称"猪大油"）及沙肝披在猪背上（意为猪的披风斗篷）。经过这番装扮，此时的公猪显得格外雄壮威风。公鸡要选个头大、勇猛善斗的红毛色公鸡；鱼要用大个的鲈鱼，最小要在三四斤，大者有十几斤重的。公鸡的宰杀和鲈鱼的破肚清洗，也是在祭海的前一天完成。

周戈庄祭海还要蒸面塑。面塑，北方人也称为饽饽、馒头，妇女们提前四五天就开始忙碌起来：要准备上等面粉，要准备各种颜料，要准备蒸的、放的炊具器具。然后就正式动工制作：先是发面，面粉里面加入糖、加入水，揉面的遍数越多越好，这样做的馒头不仅好吃，时间长了也不会裂皮；馒头的个头不仅要大，而且更重要的是要加以绘饰，特别讲究颜色和图案。村里很多巧妇做的馒头都是由老辈人传下来的，所以在图案上古朴典雅，具有传统风格，如"并蒂莲花""对蝶飞舞""丹凤向阳""金龙盘柱""双龙戏珠""双鱼戏水"，还有花草图案"菊""梅""兰"等，动物造型有"神虫""鱼""虾""蟹"等，形状逼真，神态飞动，个个都是非常精美的艺术品，令人叫绝。

祭海节广场的布置，旧时都要搭戏台，现在变成了"主席台"，不过"开场"的仪式结束之后，往往不是演戏就是歌舞杂耍；还有必不可少的一项，就是用松树枝扎成大松门，数米高，上面写有"福源东海""渔业永昌"等祝语。届时祭海的供品要抬着穿过松门；还要到龙王庙贴对联，对联寓意丰富，如上联是"船家平安驶"，下联是"龙腾四洲财"，横批是"四海升平"。

祭海节当天,周戈庄一带就跟过年一样热闹。祭海日一大早,各船主要将贴好对子、插好彩旗、摆好网具的船只开到村前海湾,按船与船相隔约十余米的间距,呈"一"字形的阵式横排成船尾朝岸、船头朝大海的船队,然后下锚定位。从村前海滩向海面望去,晨曦中由成百只渔船排成的船队整齐地停泊在海湾中,船上彩旗飘扬,渔具网具整齐地摆在各自的船上,一派整装待发的气势,蔚为壮观。几百米的海滩海岸上,人头攒动,村里大闺女小媳妇们搬出"神虫""寿桃"等面塑,男人们抬出涂了脂抹了粉、戴着大红花的大肥猪,以船为单位开始摆供。每组供桌前要架立一束用竹竿绑扎成的几米高的"站缨"。站缨是渔船下海的标志,一条渔船竖一束站缨。同时还要将准备焚烧的黄表纸划好,将香炉摆好,将鞭炮绑在杆子上。供桌摆布停当后,只等祭海时辰的到来。等到吉时,村长一声令下,靠近松柏门的一挂鞭炮首先点燃,紧接着上千上万挂鞭炮在村头海滩上同时燃放,瞬间鞭炮声炸成一片,鞭炮皮四处飞溅,似红雨落花,满天弥漫。人们在鞭炮的烟雾中和爆炸声中开始焚烧香纸,并把写好的"太平文疏"点燃,边烧边念祈祷词吉利语,以求海事平安,渔业丰收。接着,大家围着一张张摆满食品的桌子,品评谁家的媳妇、闺女的手最巧,谁家的寿桃做得好,而秧歌、龙灯、旱船、腰鼓及各种民俗表演也纷纷登场,场面极为热闹壮观。随后,大戏(今或歌舞)开始,从上午一直唱到晚上。

二、荣成谷雨节

近十几年来举办的"荣成国际渔民节",不断见诸报端媒体,但民间并无此名目,这原本是山东半岛荣成当地渔民传统的"谷雨节"。

谷雨,农历二十四节气之一,时在每年的4月19日到21日。在山东半岛最东端的荣成,每到谷雨这一天,深海的鱼虾便遵循季节洄游规律,纷纷涌至近海水域,这是由荣成所处的独特海洋地理位置和近海鱼汛的时间决定的。荣成沿海渔民因此有"鱼鸟不失信""谷雨时节，百鱼上岸"之说。"马蔺开花，鱿鱼来家""园里椿头发，海里打加加（加吉鱼）""椿头一寸，加加一阵""陆上柳柳绿，海里见刀鱼""槐树开花刀鱼汛"等等，都是关于谷雨节前后开始打鱼的谚谣。谷雨一到，休整了一冬天的渔民又开始整网出海，海上生产又开始忙碌起来。俗谓"骑着谷雨上网场""海市一动，百业俱兴"。为了祈求平安、预祝丰收，渔民出海之前都要举行隆重而盛大的仪式，虔诚地向海神献祭，因此，谷雨节也就成了渔民开始出海打鱼的"壮行节"，祷告神灵、祈盼渔船满载丰收的祭海节。在荣成沿海，几乎村村都有海神庙，每到谷雨节，渔民们身着盛装，从四面八方涌到海神庙祭拜。

过谷雨节，在中国有着悠久的历史。早在春秋时期，人们就将此时节的河水称为"桃花水"，以其洗浴，认为可避凶免祸。渔民们谷雨开海之后打的海虾，也称为"桃花虾"。为感谢海神赐给丰厚的鱼虾，祝愿天天鱼虾满舱，祈求神灵保佑，免灾除难，渔民们把在谷雨这天举行的祭海活动看得异常重要，庄重而热闹的气氛一点也不亚于春节。在渔民们心目中，这个节日甚至比春节还要重要。

渔民谷雨节的祭海活动伴随海上生产而诞生。旧时，荣成沿海渔民捕鱼所用渔船、网具大都受控于渔行，渔民受雇于渔行。每年春汛来临，渔行便在谷雨这天举行祭海、祭船、祭海神娘娘的活动。自20世纪50年代，公开的、有组织的祭海、祭海神娘娘的习俗一度消失，但民间自发的祭海活动一直在沿海流行，祭拜内容和形式传承沿袭至今。近些年来，沿海渔村渔镇大都成立了渔业公司，谷雨节祭海大兴，渔业公司往往发挥着组织者的功能。

为了谷雨节祭海这一天的到来，单个家庭祭拜的，一般每家每户都提前蒸好了大饽饽，购好了香纸、鞭炮等供品。有的一家、有的几家杀一头猪，去毛烙皮，用腔血抹红，或涂上朱红色的颜料；或用猪头代替整头猪，没有猪头的就用蒸制的猪形饽饽代替。旧时以渔行，现在以渔业公司为单位组织祭拜的，都会准备去毛烙皮的肥猪一头，白面大饽饽十个，高粱烧酒一缸，香烟鞭炮一宗。这一天一到，人们抬着、挑着供品来到海边的龙王庙和娘娘庙，或者来到海滩，摆好供品，用竹竿挑起一大挂鞭炮，燃放起来，敲锣打鼓，鞭炮声中，面海跪祭，供奉海神，以求平安丰收。

祭祀之后，或亲朋好友，或左邻右舍，聚集一堂，开怀畅饮。粗犷的渔家歌声和噼里啪啦的鞭炮声，在渔村久久回荡。有的渔村这一天还搭台子唱大戏，演电影，说是给大海和龙王爷看的，其实是给人看的。但在人们的信仰里，有海洋神灵的存在，是人神同乐。据渔民传说，海里的鱼虾、海螺等都是龙王爷的子孙，渔民们所捕的鱼虾都是不听话或者犯了罪的，被龙王爷开除的。龙王非常爱子孙，每年冬季寒冷时，直到第二年谷雨前，他都叫鱼虾藏在深水里。谷雨过后，天气暖和，他才叫鱼虾从深水里游到岸边浅水来。

在有的渔村，如码头村，祭祀在娘娘庙前举行。祭祀用一红一白两头猪，而且要一公猪一母猪。祭祀活动分三天进行。第一天到海神庙请神，祭祀时先摆供品，再放鞭炮，然后烧香磕头，面海跪祭，祭拜活动在早晨八九点的时候最兴旺，取"发财、长久"之意。前来进香的有本地的渔民，也有许多外地行舟路过的海客。他们俯首在地，嘴里喃喃地向海神倾诉心愿。第二天举行祭海、祭船活动，船上祭拜先放鞭炮，然后向海里抛施舍——预先蒸好的饽饽。第三天就是渔民们出海临行前聚宴的日子。渔民们或在家，或在渔行、渔业公司，大碗喝酒，大口吃肉，划拳猜令，直喝得昏天黑地。

在荣成石岛、俚岛等大一些的码头，节日活动除了庙里的祭祀以外，大街小巷挤满了踩高跷、舞龙、耍狮子的人群。入夜，各个海口灯火通明。旧时当地商家和渔行出面组织，向各行各业筹资举行盛大的"放海灯"仪式。以后的几天，各村都要组织唱大戏，白天唱，晚上唱，最多的连续唱四五天。

荣成沿海渔民信奉的海洋神灵，大多是区域性神祇。在唐代，荣成石岛、赤山一带渔民信奉有"赤山明神"，唐代日本圆仁法师求法取经，曾长期在这一带居住，回国时把"赤山明神"请到了日本；上庄镇的黄华山上曾有个黄华庙，祀奉"黄华大王"，相传其为护佑千步港一带海域的海神，近年发现了该庙在元代的庙碑；而在成山头一带，渔家信奉的还有"始皇老爷"，千古一帝秦始皇，被当地渔民信奉为主管一方海事的神灵。这一信仰清代就有人记载。《废铎呓》载："凡闽、广巨船至，止则登山焚香祈佑，称之曰始皇老爷。"

"娘娘保平安，龙王保发财。"渔民们尊奉的神灵并不完全统一，但虔敬之心却无二致。渔民们把自己海上生涯的平安与收获寄托于对海洋的信仰崇拜之上。谷雨节成了人们表达虔诚，祈求庇佑的公共节日。

在院夼村的龙王庙，1992年重建庙宇的记文是这样写的："玉帝旌敕，巡视沧海。历经坎坷，灵应不爽。重修庙宇，香烟缥缈。祈赐保佑，梦寐以求。力挽狂澜，海不扬波。降伏鬼蜮，消除余孽，人身康泰。船网无恙，永无灾祸。资源不乏，取之不尽。渔获俱增，经济发展。"半新半古，半信半疑，但依然是"祈赐保佑"，表达的是祈福禳灾的美好祝愿。

尽管谷雨节渔民祭海活动历史悠久，但为了加强同国内外的交流与合作，根据荣成市委、市政府的决定，从1991年起以政府的名义在每年传统的谷雨节期间举办"荣成国际渔民节"；后来又因沿海气温较低，不便于游客海上游乐，又将渔民节的会期改在每年的7月下旬举行；又决定从1995年起每三年举办一次。节名改了，时间改了，且不是年年举办了。但在荣成民间，每年谷雨节的祭拜活动仍在继续。

三、海神娘娘过生日：渔家灯节

在环渤海沿岸和岛屿的渔民、船民中广泛地流传着"海神娘娘（天后）挂灯"的传说，许多船民知道出海迷航依靠"娘娘灯"平安回家的故事。传说天后娘娘生前酷爱红色，"尝衣朱衣，飞翔海上"，死后屡显神灵，遇险船户只要向天后呼救，天后娘娘便化为神灯示佑于船桅顶端，或化为一条小红船，或一根红缆绳，或一片红云，引导人们脱险。天津民间崇尚红色，主要缘于对天后宫供奉的海神娘娘的信仰和崇拜。可见天津市、海河畔对红色崇尚的缘由不同于内地，而是来源于沿海。山东渤海沿岸妇女也崇尚红色。长岛县砣矶岛当年有民谣"砣矶岛，三件宝，大红裤子大红袄，穿着绣花鞋满街跑"，也是这一原因：红色代表着对吉祥、喜庆、平安的祈求。

由于海洋神灵信仰的普遍性，环渤海及其岛屿的各地渔民每每将海洋神灵信仰融入中国传统的民俗节日内涵，将这些传统节日"过"成自己独具特色的渔民节日。环渤海渔民和船民们为给海神娘娘过生日而形成的渔灯节（有些地方又叫"海灯节"）就很具有代表性。

1. 蓬莱渔灯节

"渔灯节"，有些地方叫"海灯节""渔民节"或"祭海"，是北方沿海素有"人间仙境"之誉的蓬莱地区，从我国传统的正月十五闹花灯的习俗中派生出来的独具特色的渔民节日。正月十五老百姓讲究点灯、送灯，送灯送到"海神庙""龙王庙"。后来，渔民发展成把"灯"送到海上，随浪而漂，不但祈盼新的一年里渔民在海上一帆风顺，而且祈求"海神龙王"能带来好运；或者祈求北方称为海神娘娘、南方称为妈祖的海上保护神，保佑渔家出海平安，鱼虾满舱。渔灯节活动寄托着渔家追求美好生活的朴素而善良的愿望。

蓬莱渔灯节是蓬莱一带渔村特有的民俗信仰节日。其中最盛大的是大季家街道沿海的初旺、山后陈家、山后孙家、山后李家、山后顾家、芦洋等六个渔村。这六个渔村相隔很近，但其渔灯节的节期却不相同：初旺等三个渔村为正月十三日，芦洋等三个渔村为正月十四日。

当地渔民从明朝的洪武年间就开始在此定居，送渔灯的风俗随着渔家的捕鱼生活而诞生，延续到现在，已有600多年历史。让我们近距离地感受一下当地过节的氛围：

进了腊月门，渔民们都不出海了，按照渔家的习惯，忙着整理渔具，装修渔船，置办年货，还要封门对，挂红灯，家家户户装饰一新，一直忙到年除夕。这一切都是为了两个在时间上只隔12天的节日——春节和渔灯节。

渔民们在渔灯节头几天，就把五颜六色的彩旗挂在桅杆顶上，在船头贴上祈盼一帆风顺、出海平安的对联，有的还在船头、船舱口、船尾贴上斗方"福"字，以求"福"到船家。

正月十三这天，渔民们在自家准备好酒菜，杀好猪，蒸好着彩的饽饽，把猪头、饽饽、酒菜、供香、佛蜡、烧纸、鞭炮等都放置在几个"柳斗"上，摆好后在猪头上洒一点猪血，或在"柳斗"梁上系上红绸彩花，这两种做法的意思是"发血财""挂彩（财）"。准备供品，摆设供台，以祭祀故去的父辈先人，还有遇难未归的亡灵，俗称之为海中"孤魂"。渔民们还要用萝卜制作一盏盏小渔灯——用萝卜刻成船形底座，在底座中央挖一洞，插一支蜡烛，即为"渔灯"，以备傍晚时到海上"送灯"。

早先渔灯节活动的内容比较简单。渔家各备香、纸、供品和渔灯，先去海神娘娘庙、龙王庙拜祭送灯，再去海边祭海。到了20世纪60年代，庙宇大多被毁，送灯仪式终止。70年代末，渔村渔民又自发恢复了这一古老习俗。现在规模最大的是初旺村，每年正月十三，全村男女老少都要到渔港码头祭海，这是渔家人对大海最虔诚的祈祷方式。

渔灯节的主要活动集中在下午和傍晚。这天，所有停泊在港湾中的船只都遍插彩旗，紧紧相依，连靠在一起。吃过午饭，渔家的队伍便在村中的各个角落陆续出现了。下午一两点钟，村中鞭炮、锣鼓齐鸣，各渔船老大和伙计们夹在大型秧歌队中间，大家的目的地是相同的，那就是渔港码头。村里事先组织人在主要街道扎上几座松门，每经过一道松门，都要燃放两挂长长的鞭炮，四村八邻的人们都来观看。随之而来助兴的秧歌队伴随着锣鼓点扭动起来，热闹非常。然后船家开始陆陆续续燃放鞭炮，岸上的渔民开始载歌载舞，或随意拿一红绸，系于腰间，随秧歌队锣鼓点扭摆不停。之后渔民们便在海边船头摆上"佛蜡"点燃，摆放好猪头、饽饽、酒菜等供品，全体船员面向船头而拜——中国民间这种传统而古老的祈祷方式代替了渔家人心中全部吉利的语言。渔家在码头祭海的时间，正是渔灯节活动的高潮，锣鼓声、鞭炮声淹没了拍岸的涛声。然后，一面是秧歌队在码头上表演，一面是各渔船老大和伙计们登船，在船头、船尾、各舱送灯，然后在船头摆设供品，燃香致祭。供品中必有猪头，猪头上涂猪血，名为"发血财"；供品中又必有鱼，取"有余"之意，鱼以大为佳，寓意"大大有余"。祭毕，在船上大放鞭炮，有亲友来贺，亦携鞭炮在船上燃放，名为"送鞭"。

傍晚天黑时分，渔民们开始到海上"送灯"：把制作好的一盏盏"渔灯"点亮，放到海中，任其在海面上随风吹浪涌漂动，任其漂往大海深处，这就叫"送灯"——给海龙王、海神娘娘等海洋神灵送灯，给海上亡魂送灯。届时，海面上渔灯点点，星火连片，更增添了大海神奇诡秘的气息。老辈对此有更为具体的说法：从前船小，遇到风浪就没法回来了，送渔灯就是为了海上有个光亮，照着回家的路。这种渔灯火苗大，到海上不容易被吹灭。一般情况下，几乎家家都要送几十个这样的渔灯。到海上送灯的同时，渔民们在自家的庭院和居室里也点亮一盏盏渔灯。灯火跳跃闪动，寄托着渔家心头永不磨灭的希望。

近年来，蓬莱渔灯节活动规模越来越大，每年都吸引四面八方的人前来观看，神秘而又热闹。

2. 旅顺海灯节

农历正月十三，是大连旅顺口民间一年一度放海灯、祭祀海神娘娘的日子。放海灯要在天黑以后，到海边燃放鞭炮和礼花，将捆扎好的船灯用拖船放入海中，等夜幕降临时，放的海灯会越来越多，海面上灯火点点，越发增添了神秘莫测的气氛。

放海灯的来历，缘于这样的传说：海神娘娘原本只是一个普通的渔家女，一次，丈夫出海打鱼，遇上了暴风雨，再也没有回来，渔家女不相信丈夫已死，夜夜在海边为丈夫点燃一盏明灯盼夫归来。日复一日年复一年，诚心感动了上天，她变成了造福渔人的海神娘娘，夜夜点着一盏明灯为出海的人们照亮回家的路。正因为这个美丽的传说，每年正月十三，闯海的人家都会到海边放海灯祭祀海神娘娘，向大海祈福，为家人求平安，表达想过好日子的心愿。

2003年正月十三日旅顺口民间一年一度的放海灯、祭祀海神娘娘活动期间（集中地点在旅顺口区龙王塘镇海边），《大连日报》记者曾作过采访报道。[1]

3. 辽宁獐子岛的"海神娘娘生日"

与渔灯节、海灯节相类，在辽宁獐子岛，渔民也于每年正月十三给海神娘娘过生日，人们白天到海神娘娘庙祭拜，傍晚到海边将纸质或木质的渔船模型、渔灯放入大海，燃放鞭炮，面海祭拜，以求海神娘娘保佑渔民一帆风顺。据报道（见獐子岛旅游网），2000年，獐子岛新塑了一尊海神娘娘像，7月30日举行开光大典，当天早晨一直下着暴雨，刮着大风，海上波涛汹涌，可当宣布开光的时候，天空突然放晴，阳光高照，人们连连称奇。

---

[1] 许晓楠：《天上礼花朵朵 海上船灯盏盏》，《大连日报》2003年2月17日。

第三节　民间社会的海事禁忌

海洋社会的民俗信仰，明显地体现出禁忌性特征。在过去，海洋的不可知、不可测、不可驾驭，更增添了海洋民俗信仰生活的这种禁忌性。船在大海中航行，波涛汹涌，变幻莫测，风险要比在陆地上多得多、大得多。渔民和航海者即"跑船的"在海上作业，风险最多，为了航海的安全顺利，形成了许多言语禁忌和行为禁忌。这些禁忌是信仰的反映，有些由古老的巫术和神话传说而来，以满足安全心理的需求；有些则是海上经验教训的总结，大多是直接为打鱼、航海服务的安全保障措施。

在南北沿海各地渔村，至今渔民们和其他跑船航海的人，无论在船上、在岸上、在平常的生活中，大都忌讳说"翻""扣"等字眼；为了图吉利，将"翻""扣"等或者说成"划""顺"，或者说成"正"等。渔民们吃鱼时，不能吃完半边再翻过来吃另外半边，即使要吃，也不能说"翻过来"，要说"划过来"或"正过来"，因为"翻"是渔家的大忌。在北方沿海，有的地方甚至连"船帆"也因与"船翻"谐音而改变叫法，叫做"船篷"。从船上卸鱼虾，不能说"卸完了""没有了"，要说"满了"。同样，"破了""碎了"也不能说，把饺子煮破了，要说"挣了"；东西打碎了，要说"笑了""开花了"。沿黄渤海一带，打鱼时遇到鲸鱼，不能直呼其名，要尊称"老人家"或"财神爷爷"。①渤海南岸的胶东半岛一

---

① 参见傅清君、蒋成文《浅谈长山群岛的信仰习俗》，梁科峰《方言与长岛民俗研究浅探》，张一芳《神话传说与船的信仰和禁忌》，均见叶大兵编，《中国渔岛民俗》，温州市民俗文化研究所1993年编印本。

带，人们称沙丁鱼为"犁别子"（因其形状似犁上的别子），因而凡是涉及婚姻之事都忌讳用沙丁鱼，以防"离别"之苦发生。

以上是语言禁忌和语言—行为互为表里的禁忌。行为禁忌即做事的"规矩"，海民信仰生活中也有很多。如在北方山东沿海，"登船不准饮酒"，豪饮虽是渔民的特点，但只要船老大通知何时上船出海，便没有一个渔民再喝酒，因为酒后出海脚步不稳，容易招致事故发生；"父子不同船"，是为了防止遇到海难时全家男子都死去；"登船不光头"，即出海时必须戴帽子，因为戴着帽子，万一掉进海里，浮在水面的帽子可成为落水者的标志，便于打捞救起。再如出海后忌讳坐船帮，忌讳把脚伸在海水中；就连吃饭也不准扣碗，不准把筷子横架在碗上，因为"扣""搁"意为"翻船"或"搁浅"，属于不祥之兆，要避免其发生。另外，船上严禁吹口哨；不准背手；不准在船头大小便，大小便要选择方向，其口诀是："早不朝东，夜不朝西，晌不朝南，永不朝北（因为北极星是渔民在海上识别方向的坐标）。"①如此等等，都是航海者祖祖辈辈从教训中总结出来的安全常识和预防心理的反映，以神秘的"禁忌"形式反映出来，以使人不敢"冒犯"。

海洋信仰与禁忌的形成，是人们长期海上直接经验的结晶。海洋民间社会世世代代、年复一年、日积月累，一次次经历，一次次血的、生命的教训，使得他们不能不记忆犹新，从而使自己并教育他人加倍小心。从一定意义上来说，海事民俗信仰与禁忌就是传统民间社会的海事活动和海事生活的教科书。长此以往，就形成了一种集体无意识状态下的文化积淀和心理模式。如若有人胆敢违反这些民俗信仰与禁忌，在民间社会看来，这就等于拿生命开玩笑。这无论对犯忌者来说还是对他（们）所在的社群来说，在心理上、观念上都是不可饶恕的。精神作用、心理暗示支配着人们的行为：当遇到险情，得到好的、吉利的心理暗示，即认为是得到了

---

① 参见山东省地方史志编纂委员会编《山东省志·民俗志》第二章第二节"渔业生产民俗"，山东人民出版社，1996年。

好的兆头，则心情沉着，遇到麻烦就有了信心，有了信念。中国沿海的渔民、海商社会普遍信仰海神妈祖娘娘，说她能够在海上救危救难，常常在月黑风高的夜晚给遭遇风浪的行船人、打鱼人送来一盏红灯，照亮海面，引导着被风浪打迷了方向、眼看就要被打翻在海里喂鱼虾的海民们逢凶化吉，转危为安，顺利返航归来。如此，以从事海事活动为生的海民们，有谁能不信仰妈祖、向妈祖祷告？尽管事实上只曾经有过海神妈祖的人间原型——那个林姑娘，并没有事实上的海神妈祖，但在传统的海民们那里，心中有了妈祖，就和心中没有妈祖不一样：心中有妈祖的，就往往相信自己时时处处会得到妈祖的保佑，有什么灾难来临，妈祖会保佑他大难不死，有了这样的心理及心理暗示，就往往相信许许多多的"前兆""俗信"，在海上灾难面前就往往有勇气、有战胜灾难的信心，化险为夷的希冀就不会泯灭，死里逃生的愿望就不会丧失，因而应对海难就往往会冷静、沉着、清醒，化险为夷的概率就会很大，达到得救、成功的目的；而不信妈祖、心中没有妈祖的，遇到海上危急的关头，一惧怕，就往往慌了手脚，就愈加心情糟糕，容易丧失信心，变得失望、绝望，因此很难渡过难关。所以，这就是民俗信仰的心理的力量，尽管其中的科学成分与迷信成分杂糅共存。

海洋民俗信仰与禁忌是海洋社会民众的生活生产方式、世界观、人生观、审美观等的价值体现。这些都是影响人们的现代化进程、现代化发展模式的精神文化因素。自20世纪80年代以来，中国实行率先在沿海对外开放的国家政策，伴随着快速率的城市化、工业化、现代化进程，西方的文化理念、经济模式和生活方式在沿海地区铺张开来，沿海社会、岛屿社会发生了深刻的变化，尤其是沿海的城市化、工业化所造成的大量的、严重的污染，由沿海城市、入海河流直接和间接排污进入海洋，造成了海洋尤其是近海渔业资源的破坏和濒临枯竭，导致渔民、岛民的传统捕鱼生活方式不得不转产转型，因而传统海洋民俗信仰也正在逐渐失去其依存的环境条件。

第六章　岛民社会的海洋信仰：东海嵊泗列岛的

　　　　考察案例

第一节 嵊泗岛民信仰崇拜的历史背景

中国东海海域茫茫，海中的舟山群岛，由1390个岛屿组成，水上面积1371平方公里，散布在约22000平方公里的海面上，是全国最大的"千岛地区"，行政建制名舟山市。其最东端偏北方向是嵊泗列岛，行政建制为嵊泗县，境内岛屿林立，岩礁棋布，面积在500平方米以上的岛屿394个，其中人住岛22个，最大的岛屿泗礁山，面积21.2平方公里。该县分三镇（菜园镇、嵊山镇、洋山镇）四乡，现常住人口7.6万，流动人口2.7万。泗礁岛菜园镇为县政府所在地。嵊泗列岛西北邻上海，西南近岱山、普陀，遥望舟山本岛，东临太平洋，与日本、韩国隔海相望。这一海域是有名的渔场，称"嵊泗渔场"，盛产鱼、虾、蟹、贝、藻等海产500余种，素有"东海渔仓"之称。同时，嵊泗一直是中国南北海运、江海联运和国际航运的主要航路与枢纽。

嵊泗列岛远在新石器时期就有先民在此渔猎；春秋战国时期属越国东部边境；秦汉属会稽郡鄮县；隋废鄮县，属句章县；唐开元二十六年（738）属翁山县；北宋熙宁六年（1073）属昌国县；明洪武二十年（1387）昌国县废，嵊泗属定海县（今舟山市本岛）；清康熙二十九年（1690）大部划属江苏省崇明县；1950年设为嵊泗特区，1951年复置县；1953年由属江苏省改属浙江省，后曾反复变动，今属浙江省舟山市。

嵊泗列岛上的民俗信仰及其众多寺庙，就是在这样的海洋环境与几千年历史沿革的背景条件下产生和传承、积淀下来的。

寺庙是民众信仰的重要建筑载体,是供奉神像、聚集信徒、举行各种祭祀仪式的主要场所。嵊泗列岛岛民的海洋神灵信仰就是以几乎岛岛皆有的寺庙为主要载体,以各个寺庙的庙会及平时的祭祀仪式活动为媒介,传达着嵊泗岛民以及来自四面八方在嵊泗渔场捕鱼的渔民,或南来北往或东出西进的海商船民对于海洋的信仰心理及其生活感受的。嵊泗列岛的寺庙,充分反映出嵊泗列岛区域的海洋性民俗信仰与历史文化变迁。

第二节　嵊泗列岛的寺庙

在中国悠久的海洋文化历史中，由于嵊泗列岛兼具优良渔场、国内外航道中心的位置，由渔民、船工、海商和外来移民所信奉的佛、道宗教信仰和其他民间信仰神灵积淀深厚，因而嵊泗列岛几乎岛岛有寺，山山有庙。在嵊泗县22个有人居住的岛屿中，共有新旧寺庙包括遗址60余座，称名不一，有寺、庙、宫、庵等多种，几乎每一岛屿都有，且大多岛屿上的寺庙不止一处。所供奉的神灵大多来自佛教，有不少属于儒家、道教，原型多为历史人物，如隋炀帝、越国公、关公等，更有岛民普遍信仰的龙王爷等。

在嵊泗县境内，各岛最为普遍信仰的神灵，一是佛祖和观世音，一是妈祖天后娘娘，一是关帝。岛民拜神赶庙，也一般是先到佛教寺庙拜佛，再到天后宫拜娘娘，然后再到其他庙宇拜祭其他神祇。

嵊泗列岛几乎岛岛都有供奉佛祖释迦牟尼和观世音菩萨的寺庙或宫殿，且庙宇气势与规模相对而言最为宏伟壮观，如泗礁岛中部大悲山上的灵音寺、泗礁岛西侧角上的西方庵、嵊山岛上的福泉庵等。在嵊泗列岛的佛教寺庙中，如今影响最大的是位于泗礁岛中部五龙山田岙村西大悲山上的灵音寺，俗亦称大悲寺。由于其坐落在嵊泗列岛的最大岛屿嵊泗县本岛之上，本地人口最为集中，香火最盛，在嵊泗列岛渔民中影响最大，成为中国东海北部海域的又一处佛教圣地、海天佛国。

嵊泗列岛诸岛中分布最广，立祀最多，在人居岛上，几乎岛岛都有庙祀的是天后，或称妈祖，俗亦多称海神娘娘。所立寺庙，多称为天后宫，也有名娘娘庙者。宫庙或小或大，或旧或新，或陋或繁，等等不一。

至于关帝信仰，则不但被供奉于宫庙，而且渗透为岛民的家庭奉祀。就奉祀关帝的庙宇而言，有的是专奉宫庙，如泗礁岛上关岙村的关帝庙，枸杞岛三大王村的关帝庙，小洋山岛大岙山北村的关圣殿，大洋山岛大洋村的三圣殿等；关帝庙所奉祀的主神是关羽，但大多是刘、关、张合祀，因此有的殿名即为"三圣殿"，枸杞岛关帝庙所在的三大王村，其"三大王"的村名也缘此而来；关帝庙所供奉的关帝塑像，往往也塑有周仓、关平像，分立关帝两旁。而在更多岛上，则往往是关帝神像附奉于佛道寺庵道观之中，例如在嵊山岛，岛民即是将关帝像供奉于福泉庵内，与佛同拜。就关帝信仰渗透为岛民的家庭奉祀而言，则呈现出更为鲜明的民俗生活化特征。每逢过年，嵊泗渔民喜欢在居宅正室厅堂供奉关帝画像，并多配以条幅，以冀图鬼怪避让，正气临门，合家平安吉祥。大年夜，岛民每每请"太平菩萨"，焚"太平马（纸码）"，也是同样的希冀。

嵊山岛上曾有座张相公庙，据20世纪30年代程梯云所作《江苏外海山岛志》载，庙址在岛西侧一面海山腰上。"山民传说57年前（时为清光绪五年即1879年），有渔民某，腿部生疽甚剧，梦见一人，代为医治而愈，叩问其姓名，云张先生。山民滕某因砌石叠一小宫祀之，宫矮小，不能容人。民国七年（1918），由地方集资平房一间。"这位"张先生"的主要"神职"，是为渔民送医送药，祛除病患。旧时海岛地区缺医少药，岛民有疾患病，很自然地希求有神灵能够救治，消病祛灾。这种由一个渔民的梦境所示而立庙塑像的造神事件，在民间信仰发生与流变史上每每如此，民间男女往往对此深信不疑，是民间信仰发生的主要形式。程梯云《江苏外海山岛志》所记，似不起眼，却不容忽视。

嵊泗列岛岛民的信仰是多元杂糅的。泗礁岛作为嵊泗县的主岛，人口数万,有羊府宫、关帝庙、资福院、灵音寺、西方庵等五花八门的庙宇,尚且不足为怪,但对于面积不大甚至很小的一些岛屿来说,同一岛上,人口很少,却以不同的寺庙供奉着不同的神灵,这种现象十分普遍,表现得很有意味。比如在不大的嵊山岛上,既有福泉庵,又有天后宫,还有羊府宫等。

嵊泗列岛主要古庙宇及所祀神灵分布如表7所示。

表7 嵊泗列岛的主要古庙宇及岛神的分布表[①]

岛名	庙名	庙址	主岛神	庙神	建庙时间
泗礁岛	羊府宫	宫山脚下	羊祜	羊祜	清道光年间
泗礁岛	西方庵	西侧角		观音	未详
泗礁岛	关帝庙	关岙村	关羽	关羽	1933年
泗礁岛	资福院	田岙村		未详	后晋天福八年（943）
泗礁岛	灵音寺	田岙村	观音	观音	清同治十一年（1872）
泗礁岛	苏州殿	青沙村		苏州菩萨	未详
金平岛	天后宫	金鸡村	天后	天后娘娘	清同治元年（1862）
金平岛	海晏宫	黄泥坎村		娘娘菩萨	未详
黄龙岛	越国公庙	南港村	张世杰	张世杰	清光绪十三年（1887）
黄龙岛	护龙宫	南港山顶	龙王	龙王	清光绪二年（1876）
黄龙岛	何老相庙	阎王坑		何老相公	未详
黄龙岛	天后宫	峙岙村		天后娘娘	清同治元年（1862）
黄龙岛	正神庙	大岙村		小宫菩萨	未详
黄龙岛	积庆禅寺	南港仰天山		观音	未详
黄龙岛	土宫	南港梯子礁		小船菩萨	未详
嵊山岛	天后宫	箱子岙	天后	天后娘娘	未详

[①] 原统计见金涛著:《东亚海神之谜》,四川人民出版社,1998年,第127~129页。

（续表）

岛名	庙名	庙址	主岛神	庙神	建庙时间
嵊山岛	福泉庵	箱子岙		观音	未详
嵊山岛	羊府宫	泗洲塘		羊祐	未详
枸杞岛	天后宫	小石浦村	天后	天后娘娘	未详
枸杞岛	关帝庙	三大王村		关羽	未详
枸杞岛	山海奇观庙	里西岗墩		土地菩萨	未详
花鸟岛	娘娘庙	花鸟村	天后	天后娘娘	未详
花鸟岛	观音庵	灯塔村		观音	未详
绿华岛	天灯庙	西绿华村	华山娘娘	华山娘娘	未详
大洋山岛	天后宫	大洋村	天后	天后	清初
大洋山岛	三圣殿	大洋村	关羽	刘、关、张	未详
大洋山岛	圣姑殿	圣姑礁		圣姑娘娘	南宋绍兴二十年（1150）
大洋山岛	李娘娘庙	大洋村		佘来菩萨	未详
大洋山岛	土地庙	大洋村		土地菩萨	未详
小洋山岛	羊山大帝庙	大岙山北村	羊山大帝	李讳	唐贞观间（627～649）
小洋山岛	隋炀帝庙	大岙山北村		隋炀帝	唐大中四年（850）
小洋山岛	天后宫	大岙山北村		天后娘娘	南宋绍兴元年（1131）
小洋山岛	关圣殿	大岙山北村		关羽	南宋末年
滩浒岛	土宫	滩浒村	佘来菩萨	佘来菩萨	未详
徐公岛	徐达庙	徐公村	徐达	徐达	未详
壁下岛	小庵	庵基村		观音	未详

大抵所有寺庙，均与海有关，与渔业捕捞有关，与船工海商有关，与岛民的生活有关。我们从以下天后宫暨天后娘娘信仰、观音寺庙暨观音信仰、龙王宫暨龙王信仰、关帝庙暨关帝信仰、羊山大帝庙暨羊山大帝信仰中，均可见嵊泗列岛寺庙的这种海洋信仰崇拜的岛屿地区特性。

第三节　天后宫·天后娘娘崇拜

嵊泗列岛海域是中国南来北往、东出西进的渔船、商船通道，因而嵊泗列岛的各个岛屿，大凡避风条件好的港湾口岙，多有船舶停靠，以避风补水，装船卸货，渔民、海商、船工为祈求海上安全，实现心理慰藉，每每在岛上建置庙宇，燃香祭拜神灵。于是，作为渔民、船工和海商们普遍信仰的海神天后，即妈祖娘娘，便成为这些岛屿上普遍建庙奉祀的主要神灵之一。

嵊泗列岛上的天后信仰，源自福建湄洲岛的妈祖信仰。天后宫的"祖庙"在湄洲岛。天后信仰初由福建海商传播到中国南北沿海各地，也传播到了闽、粤、台、苏、浙、沪等沿海各地。每到鱼汛渔民便四面奔至嵊泗渔场，千帆万船竞相下网，船舶到了作为中外海商南来北往、东出西进必经航道的嵊泗列岛，并通过妈祖庙即天后宫的建立，使妈祖信仰"永久性"地附着固定在了嵊泗列岛的大多岛屿上，成为列岛岛民世代相传的一种重要的民间信仰习俗。嵊泗列岛岛民传说，妈祖天后娘娘会通灵变法，神通广大，一旦海况不常，便出没海上，渔夫航工商贾一有祈祷呼救，便可以看到她身着红衣，翱翔于海天之间，或示神灯，或亲临挽救，护佑海船，使之化险为夷。有时则示兆托梦，提示渔夫舟子，使海船平安避难，获庇者无数。

最初，往来于嵊泗水道的海商船民们是在自己的船舶上设置神舱、神龛供奉妈祖塑像的，其后逐渐登岸建庙，先是在船舶停泊港岙的邻近山冈上建立简陋小庙，几块大石垒墙，一块石板盖顶，供奉小型妈祖塑像，如此随着年代推移，日月轮转，小庙越建越多；而嵊泗诸岛的土著岛民和鱼汛期间从四面八方聚来的渔民，与船工海商的交流交往越来越多，耳染目濡，因而也将妈祖信奉为海神娘娘了。于是，妈祖天后娘娘便成了普遍性的大众信奉的神灵，捐钱修庙，以虔诚祈福，一座又一座较大规模的妈祖庙，即天后宫，就这样坐落在了嵊泗列岛诸岛之上，几乎岛岛皆有，如小洋山、大洋山、嵊山、泗礁山、绿华山、金平山等，甚至有的岛上建有大小两座甚至数座天后宫（或称娘娘庙）。在嵊泗列岛22座有人居住的岛屿中，现在有籍可查的，包括旧有、新建、遗迹尚存的天后宫，不下20座。

嵊泗列岛的诸多天后宫庙中，建庙最早、最为古老的是于南宋绍兴元年（1131）扩建小洋山岛羊山大帝庙时在其旁增建的妈祖庙（后改称天妃宫、天后宫）。嵊泗列岛地处长江口外、杭州湾东，南宋初宋高宗赵构迁都浙江临安（今杭州），杭州湾及东海海域更成为闽、粤、江浙海商、渔民汇聚的海域，而且黄淮一带及北方沿海商船、渔民也纷纷南下，嵊泗渔场、嵊泗水道益发繁盛，也就成为繁华的渔港商埠。在这一背景下，南北往来船户便将已开始流行于福建一带的妈祖信仰带到了嵊泗。因嵊泗列岛中小洋山岛距离上海最近，大量海商船户和岛民为求海上航行和渔捞时平安，便纷纷捐资集财，于小洋山岛上的洋山大帝庙旁，建起了嵊泗列岛的第一座天后宫。也正因为是第一座，当年香火自然甚盛。

其后在各个朝代、各个历史时期，嵊泗列岛陆续建起了诸多天后宫。其中建筑规模最为宏大的，是嵊山岛上位于箱子岙沙滩右上方陈钱山脚的天后宫。早在明朝嘉靖年间，即16世纪上半叶，嵊山岛由于港湾条件优良，就成为千舟云集、四方来汇的兴旺港埠，福建商船、渔舟来得多，很多福建人开始居住在岛上。至清朝康熙年间，由福建船商、渔民发起，本岛土著岛民和各帮外来的海商、船工、渔民共同捐资出力，筑成天后宫一座,并在天后宫中铸有铁香炉一对,上铸"陈钱山"字样。

嵊泗列岛的诸多天后宫庙中,迄今保存最为完整的是与嵊泗主岛近邻的金平岛小金鸡岙的天后宫。《嵊泗地名志》载:"天后宫位于金平岛金鸡山东部,殿宇极大,全山共建。始建于同治元年(1862),重修于光绪十八年(1892)。坐西朝东,分前、后殿,左、右厢房,道地中央有万年台,前殿分正堂,左、右两偏殿。木石结构,坡屋顶。天棚装饰简朴,镂刻花瓣、卷叶,斗拱如巨翅展举。正门洞壁,大理石条砌就。左右上端各有一幅浮雕。菩提树下,两僧相戏,丰肌秀骨,衣裙飘逸,刀工精湛。门外左右墙上各阳刻一幅金鸡奋飞图。正殿中塑一幅娘娘神像,即天后娘娘也。"这一清代建筑群至今基本保存完好,被列为县级重点文物保护单位。每到船民驾船出海或登岸归来,嵊泗主岛及列岛岛民往往先到天后宫祭拜;每年农历三月二十三日妈祖娘娘诞辰,当地岛民及各地渔民便纷纷涌向天后宫庙会;其他主要年节,前往祭拜的岛民也是接踵而至,人头攒动。即使岛民的婚丧嫁娶、生子、疗病、升迁、发财等关系到生活、身体、心理需求的方方面面,也往往有到天后宫祭拜祈祷的。

在西绿华岛、枸杞岛等岛屿上的天后宫,大多为清朝时期所建。

即使在地处东海最外端的弹丸小岛浪岗山,仅有30多户渔家居住,也曾有据传建于清光绪年间的一座天后宫,至今还留有一道残垣遗迹,成为虽不起眼却意义不凡的海洋历史文化风景线。

在嵊山岛民富村大玉湾临海山坡的平地上,旧时也建有天后宫小庙一座。在同一岛上以供奉观世音菩萨"大佛"为主的福泉庵,也辟出一室,供奉天后娘娘。

嵊泗列岛上供奉的妈祖天后娘娘,主要是海商船工信仰的海上保护神灵,是他们航行海上的心理寄托。建宫立庙于岛屿,是海商船工们离船登岸祷告祭拜的所在,而对于渔民来说,海洋神灵更多,妈祖天后则仅仅是其中之一,且一般称为"娘娘",甚至对于不少渔民、岛民来说,这"娘娘"是谁也搞不清楚;事实上,对于大多数渔民、岛民来说,似乎也用不着搞清楚。在嵊泗列岛的一些岛屿上有天后宫,有的叫做"娘娘庙"。对于"娘娘庙",许多岛民以为这"娘娘"就是"菩萨娘娘",或称"娘娘菩萨",与"观音菩萨""观音娘娘"混为一谈,至于"妈祖""天后",不知道的人并不在少数。外地人、来访者、调查研究人员每当问及当地岛民:"你知道娘娘庙里供奉的'娘娘'是谁吗?"回答往往模棱两可:"不知道……是菩萨娘娘吧。"如果再问:"这个'娘娘'就是天后娘娘吧?"回答往往是:"也许是吧……搞不清楚。"

　　正因为如此,嵊泗列岛的妈祖天后崇拜,才呈现为诸多本源不同的"娘娘"混一的信仰崇拜与宫庙祭祀现象。比如在小小的壁下岛上,"娘娘"信仰习俗就呈现出这一鲜明的特点。壁下岛面积仅有1.19平方公里,一共有人口约800人,且又分为安基、壁下两个半岛,却自清代就建有不同的"娘娘宫":在壁下半岛上居住的岛民以宁波籍渔民为主,所建天后宫信奉的是天后娘娘;而在安基半岛上,岛民以原籍温州一带的渔民为主,却既信奉陈太阴圣母娘娘,又信奉天后娘娘,因而所建的庙宇名"太阴宫",宫中既有太阴娘娘塑像,又有天后娘娘塑像。岛民信仰杂糅,于此可见一斑。

　　崇仰太阴娘娘,本是温州沿海风俗,随着温州一带的渔民移居嵊泗壁下等岛屿,太阴娘娘信仰也就传播和"扎根"到了嵊泗列岛,传播到来的时代,当在清朝。在温州沿海人们拜太阴,主要是为求赐子嗣。而在壁下诸岛拜太阴,主要是为祈求太阴"普度慈航"。

　　太阴宫在壁下岛安基山临海平坡上,石墙木柱瓦顶,正殿中间设神位,供奉太阴像,殿前为一长长的香火堂。太阴像头戴凤冠,身穿龙凤袍,左右手边各有雕龙宝剑。太阴像两边的两尊小神,一是蓝袍长髯的福清,持灵丹药瓶;一是红袍无髯的福通,手持神铃。太阴像神龛顶部悬幅,上书"圣旨奉敕护国陈太阴圣母大德娘娘"。

太阴殿神位右首，供奉的就是天后妈祖娘娘神像，与太阴圣母娘娘同样是凤冠霞帔，只是凤冠有所区别。每逢农历三月二十三日娘娘诞辰日、九月初九娘娘升天日，岛民纷纷前来，一并向两尊娘娘焚香祷拜。

太阴殿之左还辟有土地堂，右有三官堂。由此可见岛民信仰之杂糅程度。

黄龙岛峙岙的天后娘娘庙，则甚为雄伟宏大，建有大殿、万年台等，供奉的天后娘娘像也甚为富丽堂皇，头戴珠冠，身着红袄，手执拂尘。据传，该天后娘娘却与妈祖天后娘娘并非一人（神），是"九天玄女娘娘"，因此其扮相与装束与大、小洋山和金平岛等其他岛上庙宇中所塑天后娘娘神像有所不同。同为"天后"，此"天后"与彼"天后"是否"来历"不一，"功能"是否不同，两者有无转化，如有，其间是因何转化、如何转化的，这在岛民信仰中是很难说清楚的问题。限于历史资料，至今很难考证清楚。

大洋山岛有圣姑庙，供奉圣姑娘娘。庙在大洋山岛的圣姑礁，在岛北侧海中，与本岛相隔二三百米，面积很小，石骨森森，峰高数丈。圣姑庙就建在这样的小小岛礁上。民国《定海厅志》载："圣姑礁，上有圣姑庙，该礁上有古代摩崖群。"圣姑庙后有摩崖石刻三方，为清光绪十四年（1888）雷玉春等营将巡海至此题刻的"群贤毕至""海宇澄清""万顷晴波"等大字。圣姑礁旁，相依另有中姑、前姑两礁，合称三姑礁。宋元时，大洋山岛就称圣姑山，据宋宝庆《四明志》载，宋时大洋山置三姑都巡检，即以三姑礁得名。

圣姑娘娘的神职，是护佑舟夫渔子、救助海上灾难，其神力功能与妈祖天后娘娘殆无二致。岛民传说，古时有一条船，在大洋山岛一带黑夜遇风，迷失方向，船主祷告神灵，忽然发现前方有灯火闪亮，恍惚中有一女子划船在前方引航，因而跟随其后，不知不觉中，安全来到大洋山岛，这才发现，有灯光闪亮之处为一礁，船主方悟得女神相助，感念不已，随后便塑神女像于礁上，尊为圣姑娘娘，以酬谢神女救护之恩，圣姑礁由此得名。大洋山岛民及四方舟夫渔子，多信奉而祀之。

关于圣姑娘娘庙的另一来历，传说是唐朝时有一皇船途经此处，皇船遇险沉没，船上的皇姑娘娘遇难，岛民打捞出她身着凤冠霞帔的尸首，葬于礁上，并建庙立祀，因而称为圣姑娘娘，俗亦称李娘娘。礁也名之为圣姑礁。

对于这类立庙供奉的人神菩萨，渔民俗称"佘来菩萨"①。事实上既有妈祖娘娘、观音娘娘等外来神灵的本地化，也有嵊泗列岛本地原有"土著"神灵对外来的妈祖娘娘、观音娘娘等神灵的同化。

中国沿海及岛屿社会所信奉的妈祖天后女神，其主要"神能"是护佑信众的航海安全，因而主要与航海驾船相关联，以船文化为主要媒介和体现方式。这在嵊泗列岛，也同样如此。在嵊泗诸岛的天后宫中，不仅供奉天后娘娘塑像，写着海不扬波、一帆风顺、平安吉祥之类祈语颂词的绸布彩幅楹联、大字彩旗也往往堆砌得宫里庙外满满当当，书法有工有草，做工有精有粗，或排列有序，或杂乱无章，都表现出岛民及四方来此祈祷祭拜者心态的虔诚而又实用。值得注意的是，在这些天后宫娘娘庙里，大多或在墙壁上挂列着，或在两旁排放着许多或新或旧，或大或小，形制不一，或工或简的各色船模。渔民船工俗称这类船模为"菩萨船""愿船"。根据岛民及四方舟子前来奉送这类"菩萨船""愿船"的时间及其祈愿或还愿的目的，一般有三种情况：第一种情况是渔民、海商在打造新船之前，先做一适当比例的船模奉送到天后宫，向天后祈告、发愿，自己要造这样的新船了，请天后娘娘恩准并识得这条船，日后多多保佑；第二种情况是还愿，即渔民或船商航海之前，往往先到天后宫，向天后娘娘许愿出海发财之后一定向娘娘献船，归来之后，如果果真发财了，便一定会认为是天后护佑的结果，因而必定会虔诚地比照自己出海的船舶打造一

---

① 金涛：《东亚海神之谜》，四川人民出版社，1998年，第120页。

个新的船模,携船模再次来到天后宫向娘娘拜谢,焚香燃烛,奉献供品,献上船模;第三种情况,是渔民、船工出海遇到恶劣海况,大难不死,终于脱身归来,便认为是天后娘娘神灵荫护保佑的结果,因而也每每大造船模,献奉海神娘娘。这种信仰崇拜形式,至今时常可见。嵊山岛上的福泉庵、壁下岛上的太阴宫天后娘娘殿等不少天后宫庙之中,都有不少这样的船模。

第四节　观音寺庙·观音崇拜

观音信仰来自佛教。观音菩萨在中国民间信奉崇祀者众，慈悲为怀、普度众生、有求必应，成为中国民间对观音菩萨神形神性的普遍理解与认同。因其不以威严刚厉而以慈善柔美为特性，充满人性化和人情味，民间多尊称之为"观音娘娘""菩萨娘娘""娘娘"。其塑像多呈现为女性，稳稳端坐于寺庙殿堂，面呈慈眉善目，体态雍容华贵，金光普照，满殿生辉，大有佛法无边、无所不能之势，因而其在佛教信众心目中的地位往往超越释迦佛祖。在嵊泗列岛，对观音娘娘的信仰是第一信仰，最为普遍，嵊泗列岛404个岛屿，其中人居岛屿22个，岛岛信奉观音娘娘，其被奉祀为各个岛屿共同的护岛神。嵊泗列岛寺庙宫观60多座，不仅佛教寺庙座座供奉观音，有的寺庙甚至是为专奉观音而建，以观音寺、观音庙、观音庵等专称，如大洋山岛煤山观音庙、花鸟岛灯塔村观音庵等。嵊泗列岛诸岛中的观音寺庙，规模最大、影响最大、香火最旺的是泗礁岛大悲山灵音寺，它是嵊泗列岛观世音信仰的主道场。其次是黄龙岛的积庆禅寺、嵊山岛的福善庵、大洋山岛的观音庙、泗礁岛的西方庵等。枸杞岛、金平岛等岛旧有一些茅棚似的小宫，还供奉着送子观音。

大悲山灵音寺建于五代时后晋天福八年（943），距今已逾千年。早期为"资福院"，清咸丰年间改为"灵庆庵"，同治十一年（1872）称"灵音庵"，光绪二十六年（1900）年底，为普陀山圆通庵分庵。20世纪

60年代"文革"期间被毁；1988年重新开放，随即着手修复；1990年大雄宝殿落成，主塑释迦牟尼佛；1991年寺院整体竣成，占地约2000平方米，建筑面积700平方米，僧人6名。

大悲山灵音寺作为观音道场，原本是怎样形成的？民间对此传说得神乎其神，且饶有趣味。据传，观世音菩萨是从南海洛迦山越海跳到普陀山的，来到普陀山后又跳了三跳：第一跳跳到了大巨岛观音山，第二跳跳到的就是泗礁岛大悲山，第三跳跳到的是小洋山岛上的小观音山。观音菩萨为何又跳了三跳？传说观音菩萨之所以从洛迦山跳到普陀山，是因为知道东海之中的舟山群岛有千座山峰，是落驾受奉的最佳所在，于是来到之后，便坐在普陀山上数舟山群岛的千座山峰，数来数去差了一座，好不奇怪，便又跳了一跳，跳到了大巨岛观音山顶上去数，数来数去还是差一座。于是，她便跳到泗礁岛的大悲山去数，可数来数去仍然差一座。于是观音便第三跳跳到了小洋山岛的小观音山上再数，数过来，数过去，就是差一座，忽然俯身看到了自己落座的山头，哑然失笑，原来她忘记数自己坐着的山峰了。后来她还是回到了普陀山，但她三跳落脚的三座山，却因此有了佛化仙气，成了海上名山，信众纷纷朝拜名山，并在这些山上建造了名刹宝寺。由于嵊泗渔场丰饶、海道繁荣，四面八方的渔夫舟子居住和往来众多，且距普陀山道场较远，这一特殊的海域环境使大悲山灵音寺声名远播，信仰大炽，香火大盛。

另外，大洋山岛的煤山深处也有观音庙。庙后悬崖高处有一块岩石上呈现一处凹坑，本乃风化所致，但因酷似一个大脚印，印长竟约有两米，俗谓观音菩萨当时降临煤山所遗；另外还有几个较小的类似"脚印"，俗传乃观音随侍足迹，称"煤山佛印壁"，成为大洋山岛煤山一胜。

第五节　龙王宫·龙王信仰

中国的龙王信仰无论是沿海还是内地，都十分普遍。内地信奉的多是河龙王，那些河龙王的老家普遍被认为是东海、南海和北海（渤海），但历史上以东海龙宫、东海龙王信仰与传说最为普遍。嵊泗列岛恰恰地处东海大洋，岛民们的生活无不与大海紧密关联。东海龙王自然便成为嵊泗岛民们心目中神通广大、可主宰海洋，具有万般神力，既能护佑万物又能呼风唤雨、推波掀浪的神灵，因而渔民们对龙王无不顶礼膜拜。但很有意思的是，嵊泗渔民普遍信仰龙王，却很少建有专门供奉龙王的庙宇。嵊泗列岛的人居岛屿有22个，而专供龙王的宫庙则不是太多，主要有黄龙岛上的护龙宫、泗礁岛上的龙王宫、菜园镇的龙王殿、嵊山岛的龙王宫、大洋山岛上的龙王殿等。另外还有一些供奉龙王的小宫小庙，现今已多被人们遗忘。

黄龙岛上的护龙宫，原址在黄龙南港山岙坡地，又称南港大宫，光绪二年（1876）建，始为茅庐三间，甚为简陋，奉祀东海龙王，名龙王宫。光绪二十三年（1897）改建为越国公庙，奉祀"张越国公"，又称"张老相公庙"，复在南北岗交界的山巅之南侧脚下另建了一座规模较小的石宫，名护龙宫，供奉原龙王神像，神像高大，戴皇冠，穿龙袍，面目威严。神龛前有四根蟠龙柱，供案桌下伏一海龟。门前两侧各有一尊巡海夜叉，一"文"一"武"：左首夜叉黑脸，手执神叉；右首夜叉白脸，手拿算盘。宫庙后堂塑有龙母神像,两旁塑小龙女二,面容艳丽;宫庙正门廊檐壁上,左右两边,还由两副木架托着两只雕镂讲究的"神船"。

越国公庙,据传为祭祀南宋抗元名臣张世杰,由黄龙岛民与前来黄龙渔场张网作业的宁波渔民共同捐资,于清光绪二十三年(1897)在护龙宫的基础上改造扩建而成。《黄龙乡志》载:"越国公庙,以蟹浦'张公祠'式样仿造。光绪二十五年(1899)落成。神像为南宋抗元名臣张世杰,故又称'张老相公庙'。"越国公庙规模较大,主宫有正、前、后三殿,中宫坐北朝南,东西两厢,中有天井,建有万年台,正殿额书"张越国公",殿中置神龛,内坐张公神像,头戴九龙相吊,赤面长须,身着紫红蟒袍,威严端坐,貌似天神。神龛两侧悬挂楹联,有明末清初金圣叹诗句"结艇使复国,咸饮谋难成",还有"青史留名越国公,竹帛记录张元勋"等。黄龙岛较大,人口较多,有一万多人。越国公庙不仅在岛上是一大庙,即使在嵊泗列岛也为大庙之一。

而相形之下,被越国公庙"侵占"了地盘、赶到一边去了的龙王庙,却显得十分寒酸。何以至此,显然是由于龙王信仰本是最为古老的原始性海洋神灵信仰,而观音菩萨信仰、妈祖天后娘娘信仰乃是后起宗教化、社会化、人性化了的"人神"信仰,因而派生神灵信仰替代了原生神灵信仰的缘故。

龙王信仰产生于史前时代,带有半人半兽型原始宗教和图腾神灵的性质。民间信仰中龙王居于海中龙宫,为大海的主宰,可以左右海上风浪,主宰出海渔民的生命和财产安全;同时,又因其势力范围是海洋水体,且直接管辖的就是海洋水生世界,海中鱼虾即是海龙王的子民,因而渔民认为捕捞所获的多少,全靠龙王的恩赐。由此,岛民渔人年复年、月复月、日复日面对风暴难测、险象频生、渔获量不定的汪洋大海,不得不对信仰中的龙王心生敬畏和崇拜。但另一方面,龙王信仰一直并没有完全蜕尽半人半兽型原始宗教和图腾神灵信仰的印迹,比起后世传播而来的慈眉善目、慈悲为怀的观世音菩萨娘娘来，比起专门救助海难、专做善事、有求必应的女性"人神"天后妈祖娘娘来，显得野性十足，面目怪异狰狞，性格暴戾无常，常常兴风作浪，显然不够"文明"。就是在这种"文明"神灵与"野蛮"神灵在民间信仰市场的"较量"中，龙王信仰在这一带岛屿海洋区域的海民中失去了原有的地位，渔民们对其既有依然敬畏和崇信的一面，又有对其缺乏"感情沟通"、对其疏远甚至轻视的一面。

因此，虽然渔民们崇拜和信仰龙王，但敬畏大于敬仰。龙王宫的数量和规模远不能与观音寺娘娘庙、天后宫娘娘庙相比，是情理使然。对于这种龙王信仰与观音信仰、妈祖信仰势力消长的情况，很是令人玩味。

第六节　关帝庙·关帝崇拜

中国民间的关帝信仰十分普遍，而沿海及岛屿地区民间所信奉的关羽关帝，则更多地具有了海洋神灵的内涵。在嵊泗列岛，渔民们不仅在岛屿陆地建庙奉祀，称关圣宫、关圣殿、关帝庙，更多的则是在船上供奉，尊其为"船关菩萨"，也俗称"船关老爷"。旧时渔船，每条船都在后舱设置一间专门供奉船菩萨即船神的神龛，俗称"圣堂舱"，所奉祀的船菩萨即多为"船关菩萨"（"船关老爷"）关帝关云长。也有不少供奉的是"圣姑娘娘""妈祖娘娘"，为女性船菩萨。关帝在民间信仰里，尤其是到了清代，已经成为一个家喻户晓的武财神，供奉关帝既可以其威武驱凶避邪，又可以其作为财神的神性和功能给人带来发财的好运。

嵊泗列岛上的关帝庙，以泗礁岛马关岙关帝庙最显。"马关岙"的岙名，就是因系关帝庙所在而著称的。不过这一关帝庙原本名"关圣宫"，规模很小，据《马关乡志》载："1993年，马关仅有50多平方米的一座'关圣宫'，后扩建为400平方米的'关帝庙'。关帝庙砖石砌墙，石板铺地。殿前有朱红大门，殿内有戏台，台前是大天井。主神像是关帝菩萨，左右站着周仓、关平。两廊还有送子娘娘、土地菩萨等等。"

大洋山岛上建有"关公庙"。庙中同时塑奉刘备和张飞，故又称"三圣殿"。

与大洋山岛毗邻的小洋山岛上也有座"关圣殿"。据传，这一"关圣殿"原为"宋朝宫""陆丞相庙"。南宋末年文天祥、陆秀夫等拥宋抗元，文天祥被俘、陆秀夫负幼帝投海身亡，据传陆氏宗族逃亡至小洋山岛之后立此庙。首建称"宋朝宫"，后改"陆丞相庙"。元朝统一后，岛民为避官府追究，改建为"关圣殿"，将陆公塑像涂金贴须，改成关公神像。如此，则此庙已很有历史来历。嵊泗列岛上的民间神灵信仰，以历史人物为奉祀之神者，背后多有如此这般一段复杂而又难言的历史内幕。

第七节 羊山大帝庙·羊山大帝崇拜

羊山大帝是嵊泗列岛上影响较大而又十分独特的神灵之一,羊山大帝庙为别处所无。

羊山大帝庙,俗称羊山庙,位于小洋山岛大岙北山村,是嵊泗列岛古庙宇中建庙最早、规模较大的古庙之一,占地面积达700平方米,甚至有"嵊泗古庙之冠"之称,俗称"大庙"。小洋山旧称羊山,故有此名。据《嵊泗地名志》卷四"名胜古迹",羊山大帝庙早在隋朝已立,原为岛民所筑石龛小庙,祀羊山大帝;唐贞观四年(630)建成大庙,称羊山大帝庙;宋绍兴年间(1131—1162)扩建,增妈祖庙(后改称天妃宫、天后宫);民国十五年(1926)又扩建关圣殿。

据传,羊山大帝庙是为纪念南朝漕官李讳而建。李讳,名江南,江阴人(又说崇明人),历仕南朝梁陈两朝,官至运粮正使。祯明二年(588)八月二十四日,李讳奉命押解皇粮官船途经小洋山避风,时值北方兵乱,又遇连年灾荒,李讳见岛户生活困苦,不忍载粮而去,即令开舱散粮,赈救灾民,自己则因料知所"犯"为死罪,已难回朝复命,遂在此投海自尽。洋山岛民感其恩德,建小庙奉祀,遂四季香火不绝。唐朝李世民登位,赐封李讳为忠武侯王,命大将尉迟恭赴洋山督建小洋山李讳庙。岛民因尊李讳为羊山大帝,其庙亦称羊山大帝庙。庙堂大殿供奉李讳塑像,上有"海阁澄清""忠武侯王"匾额,庙正中上方金漆大字匾书"羊山大帝",门前有东西旗杆一双,东旗上书"风调雨顺",西旗上书"国泰民安"。庙中置岛上渔户所献大小船模。民国年间程梯云《江苏外海山岛志》记云:"小羊山前街左端尽处有巨庙一,气象巍峨,为各岛冠。庙奉羊山大帝,殿前有寝宫。庭栽石榴,时仅初秋,果实累累,穷山睹此,春气盎然。宫中陈设华丽,一如富室。塑娘娘像端坐妆台前。"

第八节　嵊泗列岛岛民信仰的特征

嵊泗列岛以寺庙为载体的岛民信仰，是中国海洋社会神灵信仰生活的原生态博物馆，是中国海洋信仰文化最为集中的岛屿区域，具有鲜明的特征。

一、多元性

嵊泗县是中国东海唯一的"千岛地区"舟山群岛最东端（东北）的列岛地区，是东海连接黄海、紧邻太平洋的重要多岛区域。历史上，这里一直是富饶而著名的大渔场，也一直是南北海运的重要通道，因而这里的海洋信仰，不仅是附近浙江、江苏、上海等中国沿海地区海洋信仰的集聚与投射区，同时也是北方山东乃至河北、辽东沿海地区，南方福建、台湾乃至广东沿海海洋信仰文化在这里延伸、交汇的重要区域。显然，嵊泗列岛是中国海洋信仰文化最为重要的集散区之一。

而且，由于这里东临太平洋，与日本、韩国相望，不仅是历史上中国与日本、中国与朝鲜半岛之间海上交通的重要航线（南线）的必经与中转航区之一，同时日本尤其是韩国的渔民，也每每于鱼汛期前来捕鱼、靠港，因而这里也是中国海洋信仰与日本、韩国历史上的海洋信仰重要的交流与集散地。这些联结着中国与世界的海洋历史文化资源，都值得人们倍加重视。

二、普遍性

嵊泗列岛岛民所信仰的神灵种类繁多，有的是佛，如观音菩萨；有的是原始性神灵，如龙王；有的则是历史人物，如关羽、陆秀夫、张世杰、羊祜、李讳；而最为普遍的是观音菩萨娘娘、妈祖天后娘娘等直接与渔民、海商切身利益相关的女性神灵，其信奉者最多。

在嵊泗列岛，几乎岛岛有庙宇，岛岛有岛神。有的一岛一庙，有的一岛数庙；有的一庙一神，有的一庙多神；还有的一岛多岙、多礁，几乎岙岙、礁礁有神，且有的一岙多神。如黄龙岛，大岙有正神庙，峙岙有天后宫，阎王坑有何老相公庙，南港与黄沙岙交界处有护龙宫，南港（即南岙）有越国公庙（张世杰庙），南港山顶有护龙宫，南港仰天山有积庆禅寺，南港梯子礁沙滩有小船菩萨土宫等，不一而足，淫祀神灵十分密集。

尤其值得重视的是，嵊泗列岛的所有人居岛几乎都有其自己的主岛神，即护岛神。这些主岛神大多是这一岛上的主要庙宇所祀神灵，如在嵊泗主岛泗礁岛，其最大、最有影响的寺庙为大悲山灵音寺，主祀观音菩萨，其主岛神就是观音；小洋山岛的主要庙宇是羊山大帝庙，主祀羊山大帝，其主岛神就是羊山大帝李讳。若是某一神灵已经成了这一岛屿难以替代的主岛神，则即使这一神灵是诸岛岛民共同的信仰崇拜对象，其他岛屿也有奉祀这一神灵的庙宇，但其他岛屿也只能另立自己的主岛神。如观音菩萨是泗礁岛的主岛神，黄龙岛也有观音庙宇积庆禅寺，但观音菩萨不是主岛神，其主岛神是张世杰和龙王。一个岛屿有多座庙宇，奉祀多个神灵菩萨，但主岛神一般只有一个，像黄龙岛有两个，是个别现象。

嵊泗列岛各岛不仅有主岛神，各岛岛民在各个岙口的不同居住区域还往往有自己的主岙神，即村镇神，相当于内陆地区各个村镇的城隍神、土地神。如泗礁岛的主岛神是观音，但泗礁岛上菜园镇的镇神则是羊祜、关羽。在嵊泗列岛全县，奉祀羊祜、关羽最为出名的是菜园镇的羊府宫和关

奁的关帝庙，尽管嵊泗列岛的大洋、嵊山等不少岛屿上都有奉祀关羽、羊祜的信仰和庙宇。

以上是有神有庙的，还有不少有神无庙者。如枸杞岛，岛民每到冬至祭海神，此海神的原型是古代镇海县（今定海）以斩妖除害而著名的安知县，显系由舟山本岛区域岛民传播而来，但枸杞岛和嵊泗各岛均无供奉安知县的海神庙。还有渔民往往在船上供奉杨甫老大、鲁班祖师、龙裤菩萨等，船上有神龛，岛上则无庙。究其原因，这些菩萨神祇信仰多是从普陀、定海一带传来，信奉者较为零散，且嵊泗距普陀、定海等岛较近，故无建庙立祀的必要。

这些，都体现出了嵊泗列岛海洋神灵信仰文化十分突出的普遍性。

三、移民性

舟山群岛及其嵊泗列岛的海洋文化可以追溯到新石器时期，具有数千年的海洋岛屿文化及其海洋信仰文化的历史。各个历史时期的海洋文化事件，有很多遗留下来的痕迹。但是，正是由于这一区域独特的海洋自然地理与海洋人文地理条件，也正是由于中国历史上经常发生的朝代更替与政权分合中的海上战争事件，时起时伏的倭乱事件，沿海及岛屿地区或大或小的海洋灾害事件、瘟疫事件，尤其是明清两代时紧时松的海禁政策实施等，都使得舟山群岛居民包括嵊泗列岛居民在不同历史时期有人口伤亡折损和迁出迁入替换，现在已经很难找到清代之前土著岛民的家族后裔。因此，我们发现，附近沿海地区以及南北方沿海地区的海洋神灵信仰文化在这一岛屿地区的集散，各个岛屿上的庙宇，大多数是在清代以来才有的。这就是说，这一地区的大多数岛民家族、家庭，是清代以降从舟山本岛、宁波、温州等江浙地区以及其他沿海各地，以或大或小的规模移民到此的。这些移民或新或老，大多有与来自原籍同乡共同居住的生活社区，因而有自己社区不同于其他原籍同乡社区的神灵崇拜对象，也就有了各自不同的庙宇，不同的岛神、岙神、村镇神等。比如前述小小的壁下岛，面积仅一平方公里多，人口仅800多人，却因祖先自清代主要来自宁波、温州两个不同的地区，故分为安基、壁下两个居住与生活社区。一以宁波籍为主，所奉娘娘菩萨为天后，因而所建庙宇为天后宫；一以温州原籍为主，所奉娘娘菩萨原为陈太阴圣母，同时也信奉天后，因而移民之后所建庙宇为太阴宫，主祀太阴娘娘，又祀天后娘娘。

像这样一庙多神合祀，即将各种神灵偶像供奉在一起，甚至一岛多神乃至一岙多神，显然既是"见神就拜""心诚则灵"的民间信仰特性的反映，又是嵊泗列岛地区移民社会四方杂凑、历史交叉、文化碰撞、交流与交融过程的体现。

正是由于嵊泗列岛的海洋人文历史是海上不断迁徙流动的移民历史，因而这一区域的海洋历史文化无疑打上了不断更新的移民社会与流动社会的深刻烙印，呈现着这一区域海洋神灵信仰文化的移民及流民特征。

四、当代转型

当代的嵊泗列岛岛民信仰文化转型，自20世纪50年代初至今，经历了两个阶段。

1949年中华人民共和国成立，提倡科学，破除迷信，尤其是"文化大革命"，大力破"四旧"立"四新"，"扫除封建思想余毒"，嵊泗列岛海洋神灵信仰文化同全国的神灵信仰文化一样，受到了大规模的清除。这不但体现在这些神灵信仰的文物媒介和行为仪式层面上，如拆除寺庙，捣毁神像，焚烧祭祀器物，禁止崇祀行为仪式，也体现在大部分年轻人乃至一部分中老年人身上。一则在思想意识上变得不信、反对、抵制，二则既失去了信仰传承的载体，在当时的主流政治形势下，信仰传承的主动性逐渐弱化，信仰传承的内容也就逐渐淡忘，难以维系；即使有些老年人信仰不改，从心理上认为不信不行，也只能转入地下，不敢公开，奉祀对象、奉祀地点、奉祀仪式等也就不得不删繁就简，原有的传统信仰模式因而转型。

20世纪80年代之后，全社会重视经济发展的主流导向，使得50年代以来的主流文化得以变形，因而呈现出一方面是年轻一代的时尚文化西化潮流，另一方面是传统文化包括神灵信仰文化变形"复辟"的文化悖论现象。嵊泗列岛海洋信仰文化到了今天，尽管修复或者新建了许多寺庙宫庵，尽管恢复了许多信仰与崇祀的仪式活动，尽管无论庙会期间还是平常日子都可以看到各个岛屿上的那些寺庙宫庵里时有人头攒动，但无论是船、网等渔业工具，还是渔获海域、渔获品种，都已经"改朝换代"了，生产关系、生活方式都有了不小的变化。随着"工业化""城市化""现代化"运动的进程，岛屿地区的渔业人口数量与人口结构、岛民行业种类与知识层次、信息知识与科技手段的获得等，都与旧时大不相同；旧时的海运路线、海运方式、海运工具等都不复如故。尤其是近些年来，许多大型的庙会文化已完全由当地政府主导和运作，通过"文化搭台""经济唱戏""创文化品牌"乃至"打造文化品牌"，旨在促旅游经济、促招商引资；正是这种政府的经济主导意识与民间强烈的商品意识的合流一致，使得传统的海洋信仰文化包括海洋神灵崇祀文化呈现出了"现代化"的转型。